曙光

黃玉女 等——口述

臺 東 慈 濟 志 工 口 述 歷 史

目錄

一頁地廣情深的慈善史

———— 釋證嚴 ————

　　臺東是我當年離開家庭，浪跡東部的第一站；卻是「因早緣遲」，因很早、緣很遲，因為耕耘不得力，有緣又似無緣，實在是很奇妙。記得初到臺東，曾在佛教蓮社暫時落腳，當時黃老師（靜觀）是蓮社的蓮友，她很照顧我。離開臺東，過了幾年就成立慈濟。

　　慈濟成立第三年，有人通報臺東一位長者吳發趖罹患眼疾，幾近失明，獨自棲身在公墓的草寮。為此南下訪視，但是路途生疏，思及臺東有位黃老師一向熱心，對佛法也很正信，於是找她帶路陪伴。就此開始，吳發趖成為臺東第一例長期照顧戶；靜觀及其夫婿王添丁校長（思安）一家，也成為臺東的第一顆慈濟種子。

印象最深刻的，早年臺東曾經歷兩次的大災難，一是一九六九年中秋颱風夜，發生在大南村的惡火，導致全村滅村的悲劇。當時我人在臺中，得知消息再難安眠，一早就從臺中兼程趕回花蓮，立刻召集委員開會，準備臺東救濟工作。購買當時最好的臺麗毛毯，載一部卡車送到災區發放。

　　臺東正式有委員參與慈善工作，是在一九七三年的娜拉風災。那次風災帶給臺東、玉里慘重的災情，是時全省僅有會員六千多人，下個月發放的善款尚無著落；慈濟無懼力量薄弱，立刻展開勸募冬衣和善款，冬衣用鐵路運輸十幾節車廂到災區發放。臺東地區人士終於真正認識慈濟，委員、會員開始增加。

　　因為王校長夫婦的關係，帶動不少老師加入委員。有家長經濟困難的，學校也會提報個案過來，需要照顧援助的個案就慢慢產生了。很感恩臺東的訪視工作做得很扎實周到，當地的照顧戶真是有福；尤其老師們也會帶動學生出去幫阿公、阿婆沐浴、打掃環境。學生付出之後，不僅滿足自己的環境，也懂得感恩父母，甚至省下零用錢作布施，這是真正愛的教育，都要歸功於校長、老師的帶動。

　　還要感恩我們的委員慈誠菩薩，他們那種無微不至的愛，每每遇到殘障不方便的個案，他們都不懼繁

瑣，親自將生活物資送到照顧戶的家。每一例個案的名字、家庭狀況、需要什麼援助？都記得很清楚明白。臺東的菩薩在個案訪視方面做得十分周全，令人讚歎。

　　想到臺東地廣人稀，需要幫助的照顧戶很多，相較之下，慈濟人顯得太少了。長濱鄉只有周秀有一位菩薩，為了照顧這些獨居長者和弱勢家庭，忙忙碌碌，從月初做到月底，師父很不捨。慈濟人是多角色多功能，但願菩薩廣招生，有更多人加入慈濟，這條菩薩道就可以開得更開闊更平坦。

　　臺東這方福地與師父結緣得很早，早期追隨師父的弟子如王校長、陳勝豐、余輝雄等也都先後凋零了，師父實在很不捨。往者已矣，來者可追；很感恩文史處同仁不憚繁瑣，用心聯繫，展開口述歷史的記錄工作，並且延請專人拍攝製作成一部紀錄片《如常》，讓更多人認識臺東這群菩薩，為了發揮無私大愛所展現的那種堅韌的生命力。

在臺東 遇見愛

———— 陳進金 ————

「慈」、「悲」、「喜」、「捨」，是佛陀所說的「四無量心」，也是印度傳統思想中最具美感的情緒展現，不僅為佛教所推崇，同時也是人人共通的心靈語言，深具普世性格。四無量心，不是口號，而是必須由實踐中去體證。如何實踐慈善事業，確實做到「無緣大慈」、「大慈無悔」，則必須依靠一群志工朋友努力開拓福田，從生根、發芽到滋長。

臺東，是臺灣開發較晚的地區，因此保存了多元族群的文化，但也因為長期資源不足，使得許多家庭仍然生活在貧窮中。一九六六年五月，慈濟功德會在花蓮成立，即致力於穿梭陋巷、深入山野，協助貧困的家庭。

一九六八年三月，證嚴法師親赴臺東探訪患有眼疾的吳發趑，開啟慈濟在臺東地區的第一個慈善志業。之後，王添丁校長、黃玉女老師夫婦接手，讓慈濟的慈善志業得以在臺東綿綿不斷。

《曙光：臺東慈濟志工口述歷史》一書，就是透過口述訪談的方式，記錄這群慈濟志工在臺東地區散播

愛的歷程，這些訪視個案都是令人印象深刻的生命故事，都是歷史，都是愛。

近年來，慈濟基金會文史處對於發展口述歷史工作，非常用心，曾經和國立東華大學歷史學系合作舉辦工作坊，為慈濟志工與出家師父們設計口述歷史訪談技巧與方法的相關課程。

透過這些課程的訓練，得以讓文史處的同仁與慈濟志工對相關人物進行口述訪談，來記錄慈濟的歷史，也記錄社會的現象，為臺灣保留珍貴的史料。

這幾年來，文史處同仁的口述訪談成績斐然，多篇記錄稿經過嚴格審查後，刊載於最專業的臺灣口述歷史學會會刊上，例如〈林勝勝女士訪問記錄〉[1]、〈羅美珠女士訪問記錄〉[2]與〈朴東燮先生訪問記錄〉[3]等。而這本《曙光：臺東慈濟志工口述歷史》將是一本以專書形式完成的口述歷史，更令人期待。

《曙光：臺東慈濟志工口述歷史》一書，主要收錄了十一篇的口述訪談記錄稿，從第一代的慈濟志工王添丁校長、黃玉女老師開始訪視個案至今，已歷半世紀之久。

換言之，本書記錄了五十年來慈濟在臺東的慈善志業，訪談內容為慈濟的慈善志業留下活史料，也為東臺灣的社會變遷留下豐富資料。

例如在〈明師指點——黃玉女口述歷史〉一文中，我們看到證嚴法師到墓園訪視臺東第一個個案的經過，也重現了當年王添丁校長騎著速可達機車穿梭在臺東鄉野訪視的景象。

　　從〈找路高手——歐順興口述歷史〉一文中，我們知道慈濟在太麻里的第一顆種子是鄭秀葉女士，也反映了一些時代現象，像一九六〇、七〇年代臺灣偏鄉家庭「寄藥包」的情形。

　　在〈紅塵為舟——范春梅口述歷史〉中，我們則看到一位堅毅的女性如何達觀地面對人生的挫折，且積極為慈濟勸募達到一千餘戶會員。

　　從余輝雄與宋美智夫婦的訪談中，我們好像隨著他們那一部「菩薩車」上山下海深耕慈濟志業，也看到人性最無私的光輝。

　　在〈如意算盤——鄭怡慧口述歷史〉一文中，鄭怡慧女士除了傳承王添丁校長訪視個案外，也提到花東偏鄉地區隔代教養的社會問題。

　　此外，陳寶貞即使腰椎開刀，仍然要繼續擔任訪視志工、懿德媽媽，其精神令人敬佩。「愛哭的」蔡秀琴深具同理心，最能感同身受，她的「哭」其實就是一種「愛」的表現。

　　患有先天心臟疾病的陳瑞凰女士，因自身病痛而轉

發慈善之心，與先生徐連松、小姑徐士驊一起攜手投入慈善志業。「兩百分師姊」潘美珍女士，時常穿梭於池上的大街小巷，積極訪視貧戶，播種福田。

在南迴線上的黃吳橋鸞女士，主動訪視吳阿公，從吳阿公的個案也看出退伍榮民生活的困境。在太麻里用智慧關懷長者的孔張美燕女士，善用所有社會資源，讓照顧戶達到最妥善的照料。

這些訪談記錄，不僅為慈濟寫歷史，也傳承了慈濟的慈善志業，更為時代見證留下第一手的史料，是本書最具意義之所在。

因此，我們也可以簡單地說，這本《曙光：臺東慈濟志工口述歷史》，就是：在臺東，遇見愛。

（本文作者為國立東華大學歷史學系副教授、
臺灣口述歷史學會常務理事）

1. 羅富美等訪問，林綉娟等記錄，〈林勝勝女士訪問記錄〉，載臺灣口述歷史學會，《記錄聲音的歷史：臺灣口述歷史學會會刊》第7期（2016年12月），頁135-164。

2. 吳麗卿、林厚成訪問，陳輝等記錄，〈羅美珠女士訪問記錄〉，載臺灣口述歷史學會，《記錄聲音的歷史：臺灣口述歷史學會會刊》第8期（2017年12月），頁135-190。

3. 林厚成、沈昱儀訪問，沈昱儀等記錄，〈朴東燮先生訪問記錄〉，載臺灣口述歷史學會，《記錄聲音的歷史：臺灣口述歷史學會會刊》第9期（2018年12月），頁147-224。

播下愛與希望

——— 顏博文 ———

　　以前，聽人稱花東地區為「後山」，形容「日頭浮海先照後山」，並沒有特別感受。因為投入慈濟，我來到後山；更因為《如常》與《曙光：臺東慈濟志工口述歷史》的問世，對映照東臺灣的溫煦曙光，特別銘記。

　　二〇〇五年至二〇〇七年，原任職的公司派我到新加坡分公司，太太玫芬找到新加坡慈濟分會，開始和新加坡慈濟人去當地的養老院和醫療中心，關懷長者與癌末病患、訪視陪伴弱勢家庭。每次活動回來，她常跟我分享慈濟人如何帶她做志工，還有她付出後，如何地感動與歡喜。

　　有一次，新加坡志工隔天一大早六點，需要去馬來西亞支援熱食發放六百個便當，回推時間，凌晨三點就得出發、半夜十一點多要開始集合挑菜、洗菜、幫忙裝便當。太太想在半夜十一點去幫忙準備，我覺得

這是好事，當然鼓勵她，沒想到她高興地打電話「報名」時，卻有點失望地放下電話，原因是「工作人員已經額滿」。

這讓我印象很深——三更半夜去做志工、大清早才能結束回家的差事，竟然有這麼多志工搶著做！太太在新加坡的慈濟因緣，讓我了解慈濟的「志工」與其他慈善組織的「義工」實在是不一樣，回到臺灣後，我也加入慈濟人的行列。

成為慈濟志工後，我對於慈濟慈誠委員有更深刻的認識，從「委員」的英文Commissioner來拆成三個英文字就很清楚——有commit（承諾）與mission（使命）er（的人）。慈濟受證的委員（與慈誠），是有許下承諾要達成上人所託付使命的人，而志工的「志」字上面是「士」，下面是「心」，則是代表有心有願的人，中文加英文的詮釋，才能更完整展現慈濟志工的精神和特別之處。

二〇一九年六月，慈濟基金會出品的紀錄片《如常》將正式上映，這部紀錄片真實記錄慈濟人慈善的精神與行動，即使看了許多次，仍然讓我感動，慈濟人的訪視真正走進人群裏，依每個家庭不同狀況的情況，適度而溫暖地給予關懷與扶助。

《如常》深刻觸動我的，還有資深慈濟人對上人的

法深信、入心，並付諸於行動，他們從早年上人親自帶著做慈善的言行舉止中，找到簡單但不易持之以恆的人生道理。臺東資深訪視志工質樸的言行、對照顧戶的細膩關懷，凡事做中學、學中覺，真的是人間菩薩的代表，把上人的法，實踐在人間菩薩道路上。

紀錄片能呈現的人物有限，《曙光：臺東慈濟志工口述歷史》一書適補其憾，本書含納十二位臺東訪視志工的故事，訴說臺東慈濟人在有限的人力、資源下，對臺東需要幫助的家庭，像照顧自己家人一樣的陪伴。甚至關心照顧戶的狀況，比關心自己的健康還要深切，閱讀其中，內心有很深的震動與讚歎！

他們或許沒有高學歷，但心念單純、用心付出，體悟著發人深省的道理，支持著他們在看似一再重複的助人過程中，知足、感恩、善解、包容！他們默默無聞，但成就一股最堅實而穩固的力量，推動慈濟平穩前行。

看過紀錄片，再從口述訪談的文稿中，細品幾位臺東志工的如常人生，可以看到臺東的訪視足跡，脈絡清晰而完整。這些慈濟人的故事很平凡，而且臺東的故事只是縮影；在臺灣、在世界各地，還有更多這樣的人間菩薩，這是真正的慈善的根本，他們能夠走入苦難處，散發光與熱，就如同曙光，令人安心、日日

如常。

　期待透過這本書，感恩慈濟志工以上人的法，給自己正確的人生方向、給照顧戶心靈上的膚慰，其效用已經超越有形的物質提供；也鼓勵慈濟志工在訪視、做慈善時，不僅是在評估受助者的經濟需求，更著重心靈上的輔導跟陪伴、關懷。

　如果沒有深入這個團體，沒有真正接觸第一線的慈濟人，很難想像有這樣的一群志工，甘之如飴做了這麼多事！《曙光：臺東慈濟志工口述歷史》一書，能為讀者開啟視野，詳實的感受慈濟人一直都在！

　曙光遍照大地，予人溫暖；衷心推薦這一本值得靜心閱讀以體會生命意義的好書！

（本文作者為慈濟慈善事業基金會執行長）

從曙光中走來

臺東向有「後山」之稱，開發較晚，擁有優美的自然環境外，也保留了阿美族、排灣族、卑南族等獨特的原住民文化，被譽為「臺灣最後一塊淨土」。

然而，長期以來，當地仍有為數不少的弱勢家庭生活在貧窮之中，難以自力更生脫離窮困，亟需外界輸入愛心。

社會暗角總有點亮心燈的時候。一九六八年三月二十三日，證嚴上人親赴臺東，探訪患有眼疾的吳發趖，開啟慈濟在臺東地區的第一個慈善個案，也奠定了親耳、親眼、親手、親腳關懷貧病的訪視模式。從此，慈濟臺東慈善志業在當地志工胼手胝足努力下生根、發芽、滋長，至今已長達半個世紀之久。

早年慈濟在臺東的慈善志業，多由曾任溫泉國小校長的王添丁（法號思安）與妻子黃玉女（法號靜觀）

大力推動，帶著資深訪視志工上山下海、四處訪貧，走進苦難者的生活中，用心貼觸他們的心靈。二〇一七年年中，王校長往生，臺東慈善志業的第一頁自此成為歷史。

慈善工作是慈濟志業的根本。在慈濟菩薩道上，臺東志工有王添丁、黃玉女作為先行者開拓福田，後繼有人絡繹於途，持續讓慈濟精神綿綿相續，逐漸累積了不同的經驗與方法。

為了保存臺東慈善志業的活史料，慈濟基金會文史處規畫以當地資深、中生代的訪視志工為訪問對象，採集口述歷史，留下歷史紀錄，以廣布「舊法新知」，同時也讓社會大眾見證臺東慈濟志工辛勤耕耘慈善志業的歷史足跡。

臺東早期慈善訪視的經驗及其傳承是慈濟慈善史跡的重要一環，而從投入訪視工作的志工身上，透過其口述的方式，作為慈濟慈善訪視歷史的記錄方法，較為少見。難得的是，在許多賑災、訪貧或義診活動中，都是經由慈濟志工親身體驗，從做中學、學中覺的精神累積而成為所謂的「慈濟人文」，因此證嚴上人稱人人都是一部大藏經。如何讀這部大藏經？口述歷史是一種方法，也是最直接而可貴的紀錄。

口述歷史是採訪者與受訪者互動下的產物，無論主

題是以人繫事或以事繫人，皆是人物訪談的形式，經過當事人回憶、口說，愈來愈清楚地勾勒過去事件的輪廓，從有聲到無聲、口語轉成文字，落於文字，發揮口述歷史提供機構出版或學術研究的功能之一。

口述歷史的另一個功能是力求史料保存完整，訪談時將以錄音為主，照相、錄影為輔，除了保留錄音檔、文字紀錄外，倘若人力、物力情況許可，盡量留下影像素材，以供日後他用。

重要的是，由於無法確知受訪者是否能夠具體說明曾經歷過的事件，並是否有能力充分描述細節，所以確認是否為有效訪談的方法，唯有透過實際的訪問、接觸。初訪確認訪問的方向與主題，二訪、三訪以深化文稿為目標，並與受訪者確切掌握訪談節奏與文稿內容。

由於慈濟志工是以人情為基礎的龐大人際網絡，團體中的成員來自各行各業，彼此共通點是受到證嚴上人的精神感召影響，而投入利益社會的行列，實際上可能識或不識，因此必須先透過初訪，使採訪者、受訪者增加對彼此的熟悉感，初步建立良好的信任關係，同時卸除受訪者不知道要談什麼的心理壓力。

其次，人不離事，事不離人。初訪還可縮短訪前所見資料得到的印象與實際情況的落差，也就是可以確

定受訪者是否為某一事件的實際參與者，而非僅僅由所得資料判斷受訪者參與事件的程度，因而錯過口述訪談的方向。

至於臺東訪視志工口述歷史專書訪談人選的產生，係透過慈濟基金會慈善志業發展處提供的推薦名單、《慈濟月刊》、大愛新聞等資料，擬定適合的對象。其中，以王添丁、黃玉女為中心的臺東首批資深志工，不但訪視資歷多在二、三十年以上，許多人也定居臺東多年，對當地環境、地方事務相當熟悉。中生代志工則跟著資深志工訪視，可補充臺東在偏鄉耕耘慈善志業的另一個面向，協助採訪者、編稿者找出當地志業的特色，因此少數人也列入採訪名單中。

訪談人選以具「為慈濟寫歷史，為時代作見證」的經驗值為標準，設定訪談主題時，先以慈濟志工的生命經驗為主，同時透過慈濟人連結地方事務，藉以增加歷史縱深。臺東慈濟志工以慈善訪視為本，屬於慈濟的歷史；個人所見所聞，或涉及臺東地區及東臺灣的重大史事，則視為時代的見證。

地處後山的臺東，「日頭浮海先照到山」，蒙受臺灣美善之島的第一道陽光，猶如點亮許多生命暗夜的那一道「曙光」，明亮而溫暖。本書藉由十二位臺東志工做訪視的歷程與經驗，勾勒出慈濟志業和社會發

展的交會脈動，從四十多年前即投入的資深志工，到二十多年資歷的中生代志工，再到近年新受證、同樣以堅定心念守護偏鄉窮苦居民的志工，經由他們的憶述，呈現慈濟志工投入慈善，實踐佛法「苦眾生之苦」的精神。

　值得一提的是，這本慈濟早年慈善足跡的口述歷史專書，呈現出臺東慈善志業的精神與價值，對外，是慈濟慈善工作的宣揚；對內，則是法入行中的具體展現。如曙光後的旭日東升、光芒萬丈，帶動後繼者繼續行在這條菩薩道上，讓更多志工在了解訪視時，各有不同的方法與體會，讓慈濟大愛之行，像中天之日，溫暖人心，讓需要幫助者皆有所依、皆有所助。

臺|東|簡|史

曙光先照 克難慈善始於行

　　臺東縣面積僅次於花蓮縣、南投縣，是臺灣第三大縣，也是臺灣最狹長的縣，相對於西部，她在中央山脈的另一邊，有「後山」之稱；但「後山日先照」，慈濟基金會的創辦人證嚴上人，在多次對眾的開示中，反稱之為「前山」，足見對臺東的重視。

　　漢人來臺東開發相較北部與西部雖然較晚，卻蘊含著豐富而燦爛的文化——在海岸山脈東側的海階上，分布著五萬年前至一千年前不等的文化遺址，依時代及文化特徵，可分為舊石器時代的長濱文化、新石器時代的麒麟文化及卑南文化等。

　　直至根據尹士郎所著的《臺灣誌略》中記載，一六八二年（清康熙二十一年）以前即已有人往來臺東，但較大規模漢人移民臺東、從事開墾則是在咸豐時代，時稱為「崇爻」，亦稱「卑南覓」。

　　十七世紀，世界海權不斷擴張，臺灣位在中國大

陸、日本與東南亞三地的海運樞紐，優越的地理位置受到各國重視。然而臺灣東部在清政府眼中仍為「化外之地」，清廷並未特別重視；一直到「牡丹社事件」[1]發生後，清廷對臺灣東部的經營才開始轉為積極，大幅改變了東部自然生態與人文歷史的發展。

　　牡丹社事件後，清廷派沈葆楨來臺善後，沈葆楨除開道路安撫原住民外，亦增設行政區。一八七五年（光緒元年）設卑南廳官衙；一八八七年（光緒十三年）臺灣建省，因地理位置在臺灣東邊，而改卑南廳為臺東直隸州，轄地包含現在的臺東與花蓮；日治時期隸屬於臺南縣設臺東支廳。後稱臺東廳，與花蓮港廳分治；二戰結束後改為臺東縣，面積三千五百一十五平方公里，現今行政區劃設有臺東市等十六個鄉鎮市。（臺東縣行政區域圖如下頁圖）

　　二戰後，移居臺東的日本移民被遣返回日本，原本住在移民村周邊的臺灣人，則紛紛向村內移居。一九五九年西部發生八七水災後，因田土流失，不少原居於彰化、雲林、嘉義及屏東的居民也陸續遷來臺東，縣內人口逐年增加。

　　一九六一年底，臺東人口約為二十二萬人，族群以漢族為最多，原住民約占臺東縣總人口的三分之一，計有卑南族、達悟族、阿美族、布農族、排灣族、魯

凱族、噶瑪蘭族。（原住民族群分布圖如下）

　　八七水災前一年，證嚴上人正值壯年的父親王天送突然因病辭世，從病發到往生不到二十四小時，帶給上人莫大的衝擊，對生命起了很大的疑惑，因而動念出家，首次離家到汐止靜修院；五天後被迫返家。

臺東縣各行政區域及
原住民族群分布圖

長濱鄉
成功鎮
池上鄉
海端鄉
關山鎮
鹿野鄉
東河鄉
延平鄉
卑南鄉
臺東市
金峰鄉
太麻里鄉
達仁鄉
大武鄉

綠島鄉
蘭嶼鄉

■ 噶瑪蘭族
■ 阿美族
■ 布農族
■ 卑南族
■ 魯凱族
□ 排灣族
□ 達悟族

　　一九六〇年秋天，上人再度離家去追尋生命與生存的意義及價值。

　　沒有目的地，上人把自己交託給上天安排。首先駛進月臺的是南下列車，上人從臺中搭上南行的火車；抵達高雄後，心想：「臺東是後山，去了後山一定不會被（家人）發現。」於是搭上客運，轉往臺東。

　　隨著車行搖搖晃晃，上人來到臺東這片土地上，在這個人生地不熟的地方下車，短暫逗留

臺東市幾天，再次把未來交給因緣安排。望著車站時刻表，上人發現一個名為「鹿野」的地方，感覺特別親切，因為佛陀初轉法輪就是在「鹿野苑」；看到開往鹿野的客運，上人就順著因緣去了「鹿野」。

到了鹿野，一眼望去只有一條街道，其餘的眼界全都是山。上人拎著行李，走在滿是石頭、凹凸不平的牛車路上，三米寬的田埂邊，沿路都是甘蔗及玉米田，走了一段很長的距離才漸漸看到村落。

鹿野原是一個日本移民村，二十多戶住家都是典型的日式木造建築，取材簡單，構造樸質無華，雖然房屋有些老舊，但整齊的形式與自然的草香，烘托出日本農村的氛圍。

臺東縣境內原住民族多元，有阿美族、卑南族、排灣族等原住民族群，雖然在牡丹社事件後，開始受到清廷重視、設隸置縣，且偶有移民進入，但受到叢山阻絕的影響，相對而言還是封閉。但二次移民與原住民族群互動所形成的獨特文化，迥異於其他地區。

上人一路從臺中輾轉來到臺東，掛單於臺東佛教蓮社一年多，結識後來成為慈濟委員的黃玉女老師等人；而後又隨著因緣輾轉到了花蓮，在花蓮落髮出家，一九六六年成立「佛教克難慈濟功德會」（慈濟基金會的前身），從慈善志業起家，陸續開展慈濟四

大志業、八大法印。

　　慈濟成立後的第三年（一九六八年），慈善個案首度從花蓮延伸至臺東──時年六十五歲的長者吳發趖罹患眼疾，幾近失明，獨自居住在臺東鎮第一公墓的草寮裏，三餐難以為繼。上人接獲通報後，特地南下關懷探視，並親自帶他前往臺中沙鹿治療眼疾，雖因久疾且年事已高，未獲醫師診治，法師同情他的處境，列為長期濟助對象，每月提供生活濟助金。

　　除了慈善個案的訪視濟助、義診關懷，慈濟還投入臺東大南村大火[2]、娜拉風災[3]等災難的緊急援助，從中發現許多孤老無依、貧窮苦難人需要援助，王添丁、黃玉女、郭恆敏、歐順興等幾位資深委員，匯集了一群善心人士共同投入慈善工作，慈濟慈善志業於是在臺東逐步深耕開展……

參考資料：
1、劉益昌（1996），《臺灣的史前文化與遺址》。南投：國史館臺灣文獻館。
2、陳慧劍（1997），《證嚴法師的慈濟世界──花蓮慈濟功德會的緣起與成長》。臺北：佛教慈濟文化志業中心。

注釋：
1、　清同治十年（一八七一年），日本琉球船隻遇颱風漂流至

臺灣東南岸，六十六名生還者登陸恆春半島八瑤灣，誤入牡丹社（位於今屏東縣牡丹鄉），其中五十四名遭到當地原住民殺害。日本以保護琉球居民為藉口，於清同治十三年（一八七四年）三月出兵臺灣，與臺灣原住民發生激烈戰爭。後因日本士兵水土不服開始病倒，遂與原住民商談停戰。此為「牡丹社事件」。

2、 一九六九年九月二十六日，臺東縣卑南鄉大南村因逢艾爾西颱風過境、焚風引起大火，傷亡慘重。慈濟以兩萬餘元，購得台麗毛毯一百四十八件，十月十六日由證嚴上人率委員前往賑濟關懷，嘉惠一百四十八戶災戶。

3、 一九七三年十月九日，強烈颱風娜拉逼近臺灣，雖未登陸，但強大風雨重創東部，逾百人傷亡，近兩千間房屋毀損。十月二十四日，證嚴上人親率委員前往玉里鎮勘災；二十五日召開臨時委員會報告災況，並成立賑災小組，訂定勘災濟助標準，包含募款、籌集物資、造冊發放等。另於十二月五、六日前往臺東複查娜拉颱風受災戶，除展開發放行動，凡是受災後無法復舊，生活窮困者皆列入救濟對象。

人物關係圖

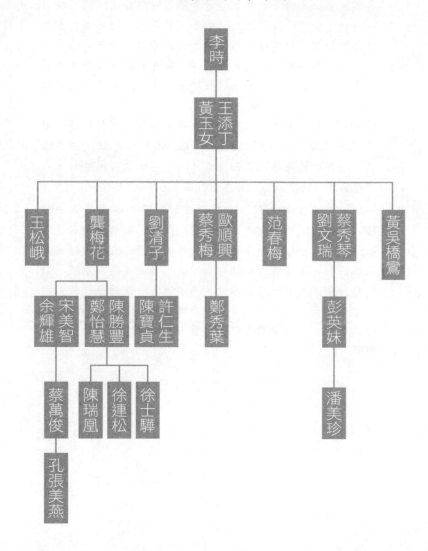

註：由上而下，為接引進入慈濟的關係。

<center>**人物簡介**</center>						
姓名	出生 時地	資　深	法號	受證年	委員號 慈誠號	志工 經歷
李時	1925 花蓮			1966年	006	證嚴上人在花蓮創立佛教克難慈濟功德會初期，即力行竹筒歲月，募人一分愛心，匯聚成大愛助人，長期關懷弱勢家庭，是慈濟最早一批委員。
黃玉女	1928 臺北	李時	靜觀	1971年	046	年輕時即結識證嚴上人，加入慈濟志工後，曾隨上人訪視慈濟在臺東的第一例個案吳發趖，多次主導規畫參與臺東地區的冬令發放。接引許多志工進入慈濟，承擔臺東慈善的扎根工作。
王添丁	1924 臺北	李時	思安	1971年	057	歷任臺東地區多所國小校長，與太太黃玉女帶領臺東第一批慈濟志工投入訪視，並建立「問案要細心」、「開案要小心」的原則。
王松峨	1931 臺東	黃玉女 王添丁	靜豪	1977年	085	因鄰居黃玉女不善炊事，王松峨受邀

姓名	出生時地	資　深	法號	受證年	委員號 慈誠號	志工 經歷
						為證嚴上人備餐，因此接觸慈濟志業，多次參與訪視工作與冬令發放。
龔梅花	1940 臺東	黃玉女 王添丁	靜資	1982年	163	進入慈濟後，訪視足跡踏遍大武、達仁、太麻里等地山區部落。關山慈院開業時，常搭陳勝豐的計程車去關山慈院復健科做志工。
劉清子	1945 臺東	黃玉女 王添丁	靜融	1982年	208	因先生而認識王添丁校長，進而投入慈濟慈善志業。因經常到臺東名剎海山寺禮佛，帶動陳寶貞等人成為訪視志工的生力軍。
蔡秀梅	1938 臺東	黃玉女 王添丁	慈語	1986年	765	黃玉女的鄰居，受邀在上人行腳臺東期間，協助食住事宜。因聆聽上人開示，而進入慈濟，利用休假跟隨看個案，也鼓勵先生歐順興進慈濟。
歐順興	1936 澎湖	黃玉女 王添丁	濟詳	1982年	委員號 765 慈誠號 201	早期臺東訪視志工少，男性更少。由於有車且熟悉路況，經常擔任司

姓名	出生時地	資　深	法號	受證年	委員號慈誠號	志工經歷
						機，接送志工到偏鄉訪視，亦為臺東首批慈誠隊之一。
范春梅	1948 臺東	黃玉女 王添丁	慈琳	1984年	958	自一九八七年起，每個月參加在花蓮舉行的慈濟全省委員會員聯誼會，一起評估、討論訪視個案的補助方式，直到二○○三年因SARS取消為止；此後個案補助的評估轉回各地自行舉辦，仍積極參與。
宋美智	1942 花蓮	龔梅花	慈桀	1987年	998	訪視時，發現很多個案的居家環境不佳，大力協助個案清掃、修繕或搭建屋子。雖然個頭嬌小，在男性居多的修繕現場，一樣為弱勢家庭盡一分力。
余輝雄	1938 花蓮	龔梅花	濟承	1988年	998[1]	把訪視當興趣，關懷弱勢家庭近三十年，罹癌後仍持續關心卑南鄉太平村、泰安村一帶的貧困子弟。
鄭怡慧	1947 花蓮	龔梅花	慈愈	1986年	1077	在臺東從事訪視三十多年，筆記本

姓名	出生時地	資　深	法號	受證年	委員號慈誠號	志工經歷
						密密麻麻，詳細記錄每個個案的生活狀況與補助方式。二〇一六年回到故鄉花蓮，仍奔波於臺九線上，關懷貧病。
蔡秀琴	1952臺東	王添丁劉清子	靜欣	1994年	1326	十七歲在花蓮慈濟志工李時的店裏工作，曾跟隨上人到玉里訪視個案。回故鄉臺東後，因王添丁校長接引，持續承擔訪視工作，認為濟貧扶弱是生命與生命之間最感人的互動。
陳寶貞	1949臺東	宋美智	慮旻	1992年	2772	詳細記錄個案狀況，作為提供志工評估補助個案的參考依據。除了傳承訪視經驗，也陪伴新進志工學習寫個案紀錄。
蔡萬俊	1950臺東	余輝雄	惟曠	1993年	1993	機車百貨零件批發商，送貨時遇慈濟辦活動，主動表示想加入。隔天，余輝雄、宋美智去家中拜訪及邀約，即開始參與見習、培訓並跟著做訪視。

姓名	出生時地	資　深	法號	受證年	委員號慈誠號	志工經歷
鄭秀葉	1950臺東	歐順興	慮悠	1998年	6899	原是高雄人,未參加慈濟時,常跑宮廟求神問卜,因神明指點而移居臺東太麻里,輾轉結識歐順興,而認識慈濟。為人熱心,逢人就介紹慈濟,會員數眾多,是太麻里人人都認識的慈濟師姊。
陳瑞凰	1953屏東	鄭怡慧	慈瑞	2008年	26005	與先生徐連松、小姑徐士驊在臺東市區經營素料行,體弱多病,加入訪視志工後,在關懷弱勢的過程中找到自己的生命價值,甚至忘卻病痛。
徐士驊	1963高雄	陳瑞凰	慈禎	2010年	32492	曾任訪視幹事,負責彙整提報個案資料、聯繫慈濟社工。總是將個案視為己親,協助弱勢家庭自力更生,甚至帶動當志工助人,活得更有尊嚴。
徐連松	1952高雄	陳瑞凰	濟松	2008年	慈誠號18481	與太太陳瑞凰、妹妹徐士驊為了做志工,輪流顧店,彼此成就。在慈善志

姓名	出生時地	資 深	法號	受證年	委員號慈誠號	志工經歷
						業發揮良能，認為訪視蘊含許多智慧，得到的是「不一樣的智慧財產」。
潘美珍	1963臺東	彭英妹	慈祒	2010年	32496	原是服飾店老闆娘，二〇一二年結束營業，專心投入訪視工作，時時關懷孤老，最大的快樂是看到受助對象生活有所改善。
黃吳橋鸞	1946高雄	黃玉女王添丁	慮芉	2013年	41115	關懷山區獨居老人，供餐送衣、清掃居家環境。盤山過嶺之間，看到了一線人性的光輝。
孔張美燕	1965高雄	蔡萬俊	慮晗	2015年	48305	臺東訪視志工中生代，與搭檔黃吳橋鸞合作無間，訪視足跡踏遍大武、達仁、太麻里等地山區部落。

1.慈濟委員號若為夫妻同修，以先受證者號碼，作為夫妻共用的委員號。

明師指點
證嚴上人教訪視

要幫，就要幫得很徹底。———黃玉女

主述者簡介 —— 黃玉女

一九二八年生，擔任小學老師
三十八年，一九七一年受證，委員
號四十六，法號靜觀。早年，與丈
夫王添丁校長為臺東的慈濟志業奔
走，王松峨、范春梅、鄭怡慧等人
都是經由黃玉女與王添丁的接引，
認識慈濟，進而投入。

我出生在臺北石碇，四歲那年，父母把我過繼給叔叔黃水木、嬸嬸王麵當女兒，其實也就是童養媳。養母原有一子王添丁，後才招贅養父入王家。

跟著養父、養母搬到高雄六龜後，養父在山上幫忙警察維護治安；後來，在六龜街上開了一間理髮廳，直到我十三歲，才又搬到臺東。

剛到臺東時，養父、養母先當臨時工或做點小生意，收過壞銅舊錫（舊時代的資源回收商），也賣過冰棒等，生活一直不穩定，只好繼續開理髮店，一直到我們教書多年後，才將店收起來。

雖然我是童養媳，可是養父、養母很疼我，讓我讀到臺東公學校[1]高等科（相當於現在的高中）。還在讀高等科時，因為公學校普遍缺老師，就開放機會給非師範學校的高等科學生，臺東公學校的老校長岩崎先生鼓勵我去參加老師資格考試，我考上總督府短期師資培訓班，也順利拿到教師資格。一九四五年我十七歲，高等學校還沒有畢業，就開始在臺東公學校分校（現仁愛國小）當老師了。

我跟王校長（王添丁）從小一起長大，但是十八歲那

年，養父、養母真的要我嫁給他的時候，我還是不太能接受。平常我們以兄妹相稱，一時間竟然要成為夫妻，實在是很震撼，當初甚至想要離家出走。後來經過養父的幾番勸說，我才答應。養父真的很疼我，平時我也很聽他的話，因為他的好，讓我接受婚姻被安排的命運。

現在想一想，真的很感恩，還好我這一生有遇到上人、做慈濟，感恩慈濟改變了王校長的觀念以及我們全家的生活。

王校長也不是正規師範學校出身，他只讀到公學校畢業（相當今國小畢業），在這之前，他賣過冰棒、收過壞銅舊錫，最後在公賣局當洗酒瓶工人。

一九四二年年初，他遇到曾一同在總督府勤行報國青年隊受訓的原住民朋友拉瓦，兩個人聊了一下。拉瓦說，他正在馬蘭公學校[2]當老師。王校長雖然只是國小畢業，可是自認為能力比拉瓦好多了，拉瓦可以當老師，為什麼他不能？那天晚上，他就寫了一封信給馬蘭公學校的校長，表達想去學校服務的意願。

那時，很多老師都被徵調去當兵，公學校是真的很缺老師。幾天後，當他在公賣局上班時，真的接到了馬蘭公學校校長的電話，問他什麼時候可以去上班。他很高興馬上回應：「明天就可以去。」

公賣局主管問他是什麼事那麼高興？王校長回答：「明天我就要去當老師了。」雖然主管勸他留在公賣局

比較有前途，但王校長心想，在公賣局洗酒瓶能有什麼前途？還是堅持離開。

第二天，他到馬蘭公學校見了校長，才知道原來是當代理老師。校長找了一個教學經驗較豐富的老師，教他一些教學技巧，他也很珍惜有這個教書的機會，認真學習，還借了一些書回家演練。幾天後，他想到怎麼都沒有在學校看到拉瓦？就去問其他老師，才知道學校裏根本沒有這個人。原來他被朋友騙了，但也因為這一「騙」，改變了他的人生。

王校長當代理老師快一年後，就想去參加考試，希望能成為正式老師。他請教同事要參加教師的考試必須讀哪些書？打聽到了書名和出版社，就寄錢到臺北去買，

拿到書後日夜苦讀，讀到流鼻血還不肯休息。但是直到二次大戰結束，他都還只是個代理老師，戰後才成為正式老師。

戰爭結束了，一夜之間「國語」從日本話變成了北

黃水木、王麵與孩子們合影，前排右是王添丁、中間是黃玉女。

（照片／黃玉女提供）

京話，為了教學需要，我們晚上都要去學北京話，現學現賣，晚上學、白天教，但開始時還是北京話夾著日本話，勉強度過那段時期。

我後來轉到豐里國小教了幾年，一直到臺東復興國小創校，又調到復興國小，一九八二年退休，在教育界服務了三十八年。王校長是在一九八九年，六十五歲足齡退休，在教育界服務了四十八年。他從代理老師做到校長，真的是奇蹟。他以前常說，自己是臺灣有史以來學歷最低的校長。

十年後與上人再相遇

早年，上人和常住師父們來臺東，都是聯絡王校長。知道上人要來，靜豪師姊（王松峨）、還有很多委員，都會來我家幫忙打掃，洗被單、洗枕頭、晒棉被。幾乎整個星期都在打掃，王校長看我每天忙碌，還笑說：「師父要來，就是比總統還大嗎？」我就說：「對啊！比較大沒有錯。」我很愛乾淨，枕頭、被單都要洗得很乾淨、很蓬鬆。以前年輕身體好，那時候也沒幾歲，很能做。

我第一次認識上人的時候，大約是一九六一年，他跟著修道法師[3]來到臺東佛教蓮社[4]。我原來就是虔誠的佛教徒，所以親近修道法師，也因此認識當時還沒有出家

的上人。修道法師曾在日本留學，那時候在臺東佛教蓮社，都和原住民說日語，很有話聊。他們在臺東停留了一段時間，後來去花蓮就沒消息了。

　　過了差不多快十年左右，一九七一年，我認識了花蓮的李時師姊，她法號叫靜恆，我是因為她才開始做勸募的，臺東也才有這個因緣發展慈濟的志業。那時候，她在臺東開了一間文具店，常與先生、兒子從花蓮來臺東。我常到文具店買東西，就是這樣子認識的。

　　那時，我常常請靜恆師姊來家裏吃午飯。有一天，她放一本簿子在桌上，我很好奇拿起來看，簿子裏寫了五塊、十塊、十五塊等不同的金額。我問她：「這麼多錢

王黃玉女與復興國小的學生們合影。（照片／黃玉女提供）

喔！要做什麼？」她告訴我：「花蓮有一位師父在做善事，在救濟生活很困難的人，還有幫助生病沒有錢看醫師的人，我想幫他們。」我聽到後覺得做這個事很有意義，當下就決定，也來找幾個人參加。是哪一位師父在做善事？其實，那時候我也不知道。

靜恆師姊回去花蓮就告訴上人，臺東有一位老師也想要一起做好事。上人本來就認識我，聽到靜恆師姊那樣說起，想起了我這個臺東小姐，就寄了一本勸募簿給我。我拿到那本勸募簿，不曉得該向誰開口募款，天天帶到學校，帶來帶去，都不敢開口。

有一天，王校長下課回家，我提起這件事：「校長，我們來做一件有意義的事，像童子軍一日一善。」他說：「好啊，很好啊！」後來，我們就從各自的學校開始，邀請老師參加會員，就這樣慢慢把慈濟做起來了。

幾個月後，我想應該去花蓮看看師父，親自了解一下；所以，我就去了花蓮靜思精舍。我想找師父卻沒看到人，只看到大家都很忙碌，有人指著不遠處說，師父去田裏了。我走到大殿佛堂後面，那時候還是一片空地，看到一位戴斗笠的師父，拿著一根長棍子在打黃豆。

於是我走過去一看，師父把斗笠拿起來，我馬上就認出那是上人，這是我們十年後第二次再相遇。幸好有這個因緣，不然我也不知道原來是上人在做這麼有意義的

事情。

接手臺東第一個個案

一九六九年，上人就來過臺東了，只是那時候無緣和上人相見。後來我才知道大南村火燒[5]，是慈濟在臺東的第一次大型賑災。

一九七二年，上人在花蓮市仁愛街成立義診所後，開始到鄉下來義診，第一站就是臺東；隔年在海山寺辦義診，王校長和我有去參加。那時候，上人才跟王校長説：「我們有照顧戶在臺東，你要出來關心。」

那個照顧戶叫吳發趖，眼睛看不到，住在墓園，是臺東第一個個案。上人正式賦予任務，王校長就從那時候開始投入慈濟。

四十多年前，也沒有什麼人在做慈濟，都是上人親自出來訪視。當時人家提報，上人就去找那個住址，找到一處海邊的墓園。後來，我跟王校長出現了，上人就把吳發趖交給我們。

上人帶我們去看吳發趖那天，其實我心裏嚇得要命。我想，海邊的墓園旁怎麼會有人住？我記得那時已經快黃昏了，又因為吳發趖眼睛看不到，所以屋裏總是黑漆漆的。上人找到他家門口，就問：「有人在嗎？」吳發趖大聲回應：「有啦！在這裏。」

推開門那時候，心裏怕怕的。吳發趖剛好不知道在吃什麼東西，嘴巴紅紅的。他開了屋裏一盞很小的電燈，看到他嘴巴紅紅的，大家都嚇了一跳。

　　可能是第一次訪視的關係，我印象很深刻。後來，為了醫吳發趖的眼睛，上人把他送到臺中沙鹿看醫師。那麼久以前了，上人對照顧戶的幫忙，就已經是做得很徹底。上人教我們，做，就要做得很徹底。

　　那時候，我們並沒有跟著去沙鹿。我記得德慈師父跟我們說，吳發趖是抱著滿腹的希望，想說：「這位師父那麼好心，要找醫師幫我開刀，讓我眼睛看得到。」所以看診時，他眼睛張得很大，要讓醫師檢查，好像所有的希望就看那一剎那。

　　我聽了慈師父的描述以後，心裏很難過，當場就哭了出來：「那些孤苦無依的老人，沒人照顧，幸好今天有師父關心，帶去給醫師檢查。」但是後來醫師宣布說：「這個阿伯的眼睛失明很久了，沒有辦法開刀。」難怪，有時候上人出來看完個案，回去都難過好幾天。

　　吳發趖，是慈濟在臺東的第一個慈善個案，也是醫療個案。那時候，慈濟也是沒有錢，但上人就是想說要幫了，就盡量改善個案的生活，沒有錢再來想辦法。我記得那時候，慈濟功德會只有三千兩百元基金，常常都不夠用。

夫妻比賽募款做善事

　　王校長和我任職的學校不同，但為善競爭，我們會相互比募款多少。這個月我拚過去了，他會說：「我不甘願，下個月拚回來。」學校老師和學生家長中，有很多認識的人加入會員。其實，我們也是慢慢才做得比較上軌道，有親自去做，知道怎麼跟別人說，才開始募款。

　　一九七三年，上人來海山寺義診，老師沒什麼人參加。後來，在鄭柏處長的公館辦義診，學校老師都出來幫忙了。老師比較容易了解情況，只要拜託都會出來，幫忙布置場地或招呼看病的人。王校長很會規畫，慢慢帶出志工。

　　有一次，義診前一天，到都蘭山挨家挨戶宣導。那次，學校的同事用摩托車載德慈師父，我女兒碧霞給另一位老師載，騎車訪視就耗去半天時間。山上有人住的地方，就去告知明天幾點鐘、要在哪裏義診，如果有誰身體不舒服，拿我們發的卡來，看醫師不用錢。

　　靜豪師姊就住在我們家對面，比較好接近，能夠向她介紹慈濟，但是她先生郭恆敏當時不了解，極力反對。

　　我平常很少下廚，廚藝也不太好，知道上人要來臺東，就拜託靜豪師姊幫忙買菜、煮菜。後來才知道，靜豪師姊的先生是怕她被帶去出家。靜豪師姊跟先生說，出家也要有好因緣，不是想出家就能出家。

以前我們出去看個案，沒有人可以一起去，就邀靜豪師姊，她都說好。早上出門看個案，不知道幾點結束，時間到了就回家。郭先生回家沒看到太太在煮飯，便發脾氣找她談離婚。靜豪師姊說：「好。我如果踏出這個門，絕對不回頭了。不然，你試試看，把離婚協議書簽一簽。」郭先生聽到，縮一縮頭，就不敢再多說了。

　　記得有一次，靜豪師姊生病，她先生因為還在冷戰，也不理她，我就帶她去看醫師。那時候，如果多一位志工出來，多高興！看到志工生病，就擔心了。那都是

老委員相聚於早年借用發放的中正堂，暢談在王添丁帶領下，走出的臺東發展史。（攝影／阮義忠）

自己人啊,真的是一家人,我們都很關心志工的身體健康,一切都要關心。

雖然一開始因為不了解,郭先生很反對靜豪師姊做慈濟,但是靜豪師姊很有智慧,邀人當他的幕後,幫忙募款讓他整理後,每月匯回基金會。慢慢地,他比較了解,不再反對,後來也加入做慈濟的行列。

早期臺東冬令發放,會借我家對面歐順興老師家旁的那塊空地。那時,他們家在賣瓦斯,我們就在那塊空地的涼亭下發放。臺東冬令發放早在一九六九年就開始,到一九七一年我們開始做慈濟時,每年差不多都要辦十多桌。

那時,上人會先到玉里的佛教蓮社,再到瑞穗看一下,晚上就在臺東休息,隔天進行發放,都是這樣沿路發放。

那時,臺東還沒有慈濟道場,志工都是跑來跑去的,看有什麼地方可以辦活動,所以上人來臺東都先住在我家。後來照顧戶比較多了,就去借場所。到了冬令發放,與上人一起來的人更多,都是花蓮的師姊過來幫忙煮飯。

早年,都是上人親自教我們怎麼打包,怎麼把愛心物資送出去。我們會回去花蓮幫忙打包,再把打包好的物資寄到臺東來;一九九〇年以後,才從臺北地區開始,由各地自行整理及打包給照顧戶的物資。

上人親自教個案評估

早期做慈濟，首要就是訪視和募款。上人做慈善，第一個用錢的地方是在花蓮，再來就是臺東。

跟著上人去看過吳發趁後，我們就開始接個案了。但我沒有自己看個案的經驗，不知怎麼做，因為電話不普遍，有人提報個案，我都寫信給上人。上人看到信，差不多一、兩天就會過來臺東，然後我再帶上人出去慢慢地看，上人就耐心地教我們。

上人教我們怎麼評估、了解什麼情況，看政府有沒有在幫助；如果沒有，我們要補助多少才夠。後來知道怎麼看了，就自己去訪查、寫訪視記錄，每個月回去花蓮報告；到後來，知道補助標準就是這樣，就會做了。

剛開始志工還沒有那麼多，上人有時間，比較常來。來了幾年以後，差不多上軌道了，其他地方開始發展會務，上人比較沒那麼有空，但也會一年兩次全省巡迴，帶著各地志工了解目前的個案。一年一年做下來，我跟王校長、靜豪師姊的先生都有經驗了，我們一起認真做志工。

真的，開始跟著上人做慈濟，我們就感覺到他很不簡單，身體不好又沒有錢，每個月都要操心募款，做事情卻很徹底，我們都是了解、感動了，然後很認真做。訪視看個案也都會分配，後來參與訪視的人比較多，我們

一定帶飯包出門，有時候要到很遠的地方，也都騎摩托車而已。

幾位早年就跟著上人做慈濟的師父，像德慈師父、德恩師父，都會跟上人來臺東訪視。中午，我們就在路邊樹下坐著吃飯包。看完之後，大家都要寫個案資料，在全省聯誼會上討論個案，跟上人一起討論，決定要撥多少錢，直到上人蓋醫院後，這樣全省的討論會議才比較少，慢慢落實回到各區自己討論。

德恩師父在精舍負責審核撥款、補助個案，舊的個案確定了，每個月發放多少。志工看新的個案，調查家庭

二〇〇二年，王添丁和黃玉女帶訪者重回中華路老家舊址、慈濟在臺東發展的第一個基地。（攝影／阮義忠）

情形，需要多少？這個分成很多種，有的是一個女人帶小孩，沒辦法工作；有的是孩子比較大了，有能力賺錢，給米或給錢，都要看情形評估。

每個月的聯誼會，全省的委員都會回花蓮，除了報告個案外，中午用餐後，就要做發放前的準備。常住師父白天工作，晚上幫忙做基金會的事情，如抄寫訪視筆記，這戶發給多少錢、補助什麼、還要做什麼，都要寫檔案。

每個月農曆二十四日發放日，大家再回去各地發放。我們都想要學習師父的精神，更清楚了解怎麼做好事、然後說給人家聽，人就慢慢帶出來，一個、一個委員一直出來。

像慈琳（范春梅）師姊，是花蓮慈濟醫院啟業那一年出來當志工的。她真的很認真，個案寫得很好、很詳細。我帶她回精舍，她覺得這麼好的一個團體，為什麼臺東沒有帶動？回來臺東就很認真，很積極投入募會員、帶會員認識慈濟，一個月都帶兩、三輛遊覽車的會員，回到花蓮靜思精舍參觀、參加全省聯誼會。

她想，自己也是去看了慈濟在做什麼、知道之後才出來做志工的，希望有人也跟她一樣。所以，她每一個月都帶車回花蓮，帶人真的很厲害。

以前新案是在全省聯誼會的時間做報告，讓師父們幫忙評估，等於現在每個月社工在臺東帶的個案研討會。

新案一定要經過大會評估同意，才能夠成案。這些年感恩慈琳師姊、還有好多師姊出來，現在我年紀大了，身體狀況也差了，就交接給年輕的她們了。

孩子們接棒圓滿心願

我大約四歲的時候到校長家當童養媳，一生雖平順，但也少不了經歷人生中的心苦與折磨。感恩慈濟救了我及我的家庭！校長因為我學佛、做慈濟，最後也跟著我一起加入慈濟，甚至在慈善的部分做得比我多、比我投入，我也跟他學習很多。

現在，每回有人來採訪，談到早期一些做慈善的足跡、資料，我真的覺得很可惜，過去四、五百件，校長自己用心整理的個案，都因為一九九一年的一場火災而沒有保存下來。

無常要來，我們怎麼會知道？沒有，都沒有了。一場火災，什麼都空了啦！以前木造房子都很容易燒的啦！晚上睡覺，有人叫說：「火燒厝了，出來喔！」我們才跑出來的，什麼都沒有帶，包括上人寫給我的回信，都燒掉了，什麼都沒有了，人平安出來而已。

只有一本王校長的勸募本和上人法相沒有燒掉。王校長的書房裏，書都燒成一堆灰燼，我想說都掃一掃，掃到一本也不知什麼書，封面有上人的黑白照片，只燒

掉一點點，我拿起來吹一吹，捧去照相館說：「你趕快幫我護貝。」那張照片現在在鄭怡慧家！那時候內心就想：「火再大，也不敢燒上人。」

那是在中華路的舊家，後來我們把那塊地賣掉，如今蓋大樓了。比較可惜的是，那些慈濟的東西都燒掉了。校長有一塊慈濟懿德的木牌是古型的，不像現在四四方方的。那塊木頭比較大，手工刻的，旁邊有龍鳳花紋，很漂亮的。

上人曾經對王校長與我說：「一把火燒掉煩惱，開啟

二〇一八年，臺東慈濟志工到行動不便的資深委員家中舉辦行動浴佛；黃玉女帶領兒子王壽榮、外勞及志工一起獻供，禮佛足、接花香。（攝影／黎恆義）

智慧。」時間在過，真的很快，我現在都九十幾歲了。幸好，孩子們有把慈濟的棒子接過去，壽榮也從電信公司退休了，媳婦嚴玉真是嘉義人，學生時代在臺東讀書，常常到我們家裏來，也比較了解慈濟啦！兩個人就能夠一起做啊！雖然她爸爸反對，但還是做下去了。

他們剛開始做的時候比較不熟，看個案都要叫我去嘉義幫忙。電話來了，我就去。那時候，他還沒有膽量啦！壽榮是嘉義第一顆種子，訪視物資都親自騎摩托車送，一家一家載去給個案，那時候他跑很遠耶，有時一騎就是幾百公里喔！不是只有嘉義這個區域而已，還有到雲林！

經濟補助的話，以前都是郵寄匯票，而過年冬令發放，都是從本會打包好，寄過去給他。壽榮要去送之前，都要挨家挨戶幫小孩子量身，都是他一個人在跑。現在，嘉義也做起來了，慈善有人傳承了，也是完成一個心願了。

1　一九四一年，臺東公學校改稱臺東寶國民學校；一九四五年臺灣光復後，改稱文化國民學校。文章則採用口述者所表達的舊稱。

2　一九四二年四月，馬蘭公學校改稱馬蘭國民學校。

3　1960年證嚴法師自幼事奉父母至孝，當地人喚為「孝女」，1960年其父腦溢血過世，法師哀痛逾恆，前往豐原寺，妙廣

法師贈其「解結科儀」，她又往慈雲寺拜梁皇寶懺，因而結識當時在慈雲寺出家修行的修道法師。

慈雲寺出家眾，奉行百丈家風，與臺灣當時佛教拜經懺的風氣不同，對證嚴法師後來出家的理念堅持，很有影響。修道法師已於2016年3月21日圓寂。

4　臺東佛教蓮社為將佛法付諸實踐，設有「急難救助慈善會」救急濟貧，又設有「唸佛會」為將往生者助唸以期其安往極樂。證嚴上人圓頂前與修道法師曾一同在此講經。林韻梅撰，〈海山寺寺院基本資料〉，載於「臺東縣寺廟之旅」網站，網址：https://market.cloud.edu.tw/content/local/taidon/fuhin/tem/tdc08.htm，擷取日期：2018年9月28日。

5　一九六九年九月二十六日中秋節，艾爾西颱風過境，因焚風炙熱而無雨，因一失慎，火焚全社區，死難四十九人，全燬一百四十八戶，當時省主席陳大慶巡視災區，鑑於「大南」諧音「大難」而改名「東興新村」，於大南橋旁進行重建。《臺東縣史：地理篇》(臺東縣政府，2001年11月)，頁93。

王松峨的慈濟心路────傻傻地做了那麼多

　　我是一九三一年出生在屏東恆春，一九五九年先生從屏東縣政府調職到臺東縣政府農會輔導課，全家人就隨著他搬到臺東，一開始在太麻里，最後搬到臺東市區定居。

　　我們就住在王添丁校長與黃玉女老師家的對面，經由他們接引認識上人，接觸慈濟。王校長夫婦剛開始做慈濟的時候，上人來臺東都會去住他們家；上人每次到訪之前，他們都會很緊張，因為黃老師不太會做飯，就找我跟靜柔（鄭雪貞）師姊一起去幫忙。

　　我們會先清掃廚房，碗盤也都要重新洗一次，整個都整理得很乾淨，才恭敬地迎接上人來。每次都會有很多人跟著一起來，大概有三、四十人，所以也要安排隨師的床位。

　　王老師家裏床位不夠，就去借我家的空間，其實我家也沒有那麼多房間，但是大家都說沒關係，就在我家打地鋪，我也一樣把家裏打掃得很乾淨。

　　剛開始去幫忙準備餐點，什麼都不懂，也不認識上人，做好飯了，黃老師就介紹這是鄰居某某人，還讓我們跟上人同桌用餐。每次用餐，菜上完了，師父

就會一直催我們，趕快、趕快一起來吃；黃老師也會說，趕快、趕快不要讓師父等。我們就趕緊坐到餐桌旁與上人一起用餐。

當時傻傻的，碗端起來就開始吃，都不知道該怎麼端碗、怎麼拿筷子；後來，上人教我們怎麼端碗、怎麼拿筷子，原來那就是「龍口含珠、鳳頭飲水」。當時上人也不是專門講課來教我們，就是邊用餐、邊告訴大家為什麼要這樣端碗、拿筷子，原來那是一種佛門禮儀。

當然，一開始我們聽了也會緊張，怕自己沒有做好，現在想起來，能跟上人一起用餐，讓上人親自這樣教，真的很幸福。

上人很隨和，從不挑食。有時候，我真的不知道煮什麼菜才好，準備晚餐時，就問上人：「師父，我們晚上要吃什麼呢？」上人回答我：「你煮什麼，我們就吃什麼，哪需要問師父要吃什麼呢？」我以後都不好意思問了。

有一次，上人在夏天的時候來，隨師的師父拿出麻荸，我沒有煮過那種菜，師父就教我，要先把葉子上的粗梗挑掉，再加一點水揉幾次後，把葉中的苦汁瀝去，跟著地瓜下鍋煮湯，上桌後我才知道那真是很好喝的一道湯。原來，那是上人很愛吃的麻荸湯，來自

臺中很特別的一種植物。

這就是我認識上人、接觸慈濟的因緣。我原來是做衣服的，沒有工作的空閒時間，都坐在家裏屋簷下，黃老師看到了，就會拿張椅子來坐在我的旁邊，一直跟我說，有一位花蓮的師父，是怎麼做善事，問我要不要參加？我想，參加做善事很好啊！但是要怎麼參加呢？他說一個月要捐多少都隨我們，我從那時候就開始參加了，大約是一九七三年吧！

那之後，黃老師就更常來我家了。她跟我說，也趕快「揪」朋友來加入功德會。所以，客人來找我做衣服時，我會一直跟他們說慈濟在做什麼，只要有人繳善款，我收一收就會轉給黃老師。差不多兩、三年後，黃老師就跟我說，參加這麼久了，也來當正式的委員，好嗎？

當時還沒有「委員」的稱呼，她是說負責來收錢好嗎？我說，好啊！我收看看。之前我收的部分，她都還給我，讓我自己整理。

先生一開始因為不了解，認為我去做飯給出家師父們吃，會不會是想要出家，所以很反對我接近慈濟。有時候，我跟黃老師去參加發放或是去看個案，他都很不高興，甚至會跟我發脾氣。

他默默觀察我們在做什麼好一陣子，再經過黃老師

的解釋，慢慢了解慈濟，趁著黃老師要我正式收善款的機會，我就跟他說，你如果去上班，同事也多少「揪」一些來參加。真的，他就開始「揪」縣政府的同事捐善款、當會員，後來愈「揪」愈多、愈「揪」愈多。

那年代，我們都還沒有吃素，菜市場認識的賣菜、賣魚的都有，久了、熟了，就會跟他們說慈濟，大家就五元、十元這樣開始捐款，當時都是五元、十元比

一九九五年九月九日，王松峨（左一）參與社區急難救助慰問金發放。（照片／王松峨提供）

較多。

　　雖然，那時候不知道什麼是皈依，但是，當黃老師帶我去跟上人說，郭太太也要拿簿子收善款的時候，上人鼓勵我說：「很好啊，我是很高興的。」領了那本簿子，我感到自己責任很重。

　　剛開始，都是王校長帶我們去訪視，早期沒有那麼多車子，先生很喜歡做訪視，我們會幫忙載靜柔師姊、黃老師一起去看個案。我的工作很自由，訪視人手不夠，他們就會找我一起去，有了上人的鼓勵，我跟自己說，要做就要認真去做，如果慈濟的事情多，做衣服就休業也沒有關係。

　　那個年代，慈濟幫助的個案都是非常窮困的，印象中好幾次都是到很偏僻、荒涼的地方。尤其是第一次，也不知道訪視該怎麼做，要穿什麼樣的服裝，很隨意就去了。那個個案是在幫別人看顧果園，居住的寮子都朽壞掉了。我們騎四輛摩托車，載到山腳下一間小店，小店的人說，摩托車不能騎上去，上面路彎又陡，你們不會騎，摩托車放在這裏，我幫你們顧著，你們走路上去好了。

　　那天，靜柔師姊是穿稍微高跟的鞋子，走在山路上，她的鞋跟都掉了，不能走了，那怎麼辦呢？前面的人一直走，我們兩個走最後面，最後就在路邊撿一

條塑膠繩子綁住，綁緊鞋跟才能夠繼續走啊！趕緊要跟上他們，卻遇到三叉路，也不知道該走中間，還是右邊、左邊？我們就用呼叫的，呼喊著，你們在哪？怎麼都沒有等我們，你們是從哪一條路走的啊？後來他們發現我們沒有跟上，才回頭來找。

他們知道了過程，也不敢再責怪我們，但有了那次的經驗，以後出門就知道，要穿布鞋或穿平底的鞋，因為需要幫助的個案，住的環境哪會很好呢。

還有一次，有人提報新個案，說是住在溪邊，蔡秀琴師姊就開一輛車子載大家去看，車上八個人都是女的。去程的路上都很順，車子開到溪邊的個案家，那時溪裏面都沒有水，土地也是乾乾、硬硬的，不覺得有什麼異樣。看完個案要回家時，沒有發現溪邊的草叢裏有凹洞，因為被草掩蓋住，所以沒有注意到，倒車的時候車輪就陷入凹洞裏了，怎麼轉就是轉不上來，輪胎愈轉、就陷得愈深，後來我們全部下車，還是徒勞無功！

眼看著太陽快要下山，當時沒有人有手機，也沒辦法聯絡家人。後來想到，是不是要走到外面有家小店，去找公用電話打回臺東？但是，七、八位女生是誰比較勇敢，能夠再走出去外面的店家？從溪邊到那個小店有一段路程啊！實在也沒辦法了，蔡秀琴師姊

自告奮勇走路到小店，打電話給她的先生劉文瑞。文瑞安撫我們說沒關係，你們在那邊等，我找人去幫你們把車拉出來。

那天晚上，回到臺東市區已經很晚了，幸好都平安無事。後來在開會的時候，我們就提出來說，以前王校長邀我們一起去看個案，都很用心提早安排好，這邊一個個案，那邊一個個案，都是校長帶路，車子司機也都會先找好，才叫我們女眾上車。為了安全起見，以後出去訪視，不能全都是女眾出門啊！

還有用餐的問題，也不能總是王校長掏腰包找個店請大家吃飯。經驗愈來愈多之後，大家就會在出門前把餐食先準備好。到了用餐時間，找個路邊的樹下或適當的地方，坐下來野餐，很方便也較省錢。

王松峨(左二)與黃玉女(左三)、王添丁(右二)、范春梅(左一)等人合照。

做慈善，也是要靠經驗累積，我也是到後來才知道，要去山上一趟真是不簡單，若是第一次訪視的新案，有時候在山上繞了好久，到中午都還沒找到案主的家，如果沒有帶飯去，真的會餓肚子，光喝水也沒用。沒經驗時一起餓肚子，有了經驗就會相互照顧。

後來，個案愈來愈多，我們就把訪視編成四組，我是第一組的組長，要出門就是我來備餐，有時候大家會點菜，要我炒米粉。當了組長更知道做訪視不容易，也體會到最早期沒有分組，只有王校長一個人在統籌，真的很辛苦，但他從來都沒有說過苦，一直都很有責任地帶著大家做訪視。

臺東的訪視開始分組，是到恆春看個案及發放的因緣。早期，恆春還沒有委員，只有一位同學的太太，因為我的關係在那邊做慈濟，但是發展多年還是沒有發展起來。每個月的發放，都是王校長找他們學校的老師，去鎮內的龍泉寺幫忙把物資送給照顧戶，慈濟人並沒有實地接觸到每個個案。後來我開始參加訪視，上人說我是恆春人，那裏是我的故鄉，要我去負責起來，請我先跟王校長配合，帶人回去看個案。

我跟王校長一起去恆春訪視時，就先去找我的親戚朋友，說一些慈濟的故事給大家聽，再去車城的廟作宣傳。那是我第一次拿麥克風對那麼多人講話，手一

直抖。同學在旁邊鼓勵我：「不用抖、不用怕，你是做好事，免驚啦！」慢慢的，我就多叫幾位同學一起來，分成幾條路線，開車載我們去訪視、發放物資，也真正去接觸到每個個案的實際狀況。

上人到臺東時，我們也跟上人報告到恆春訪視的情形，確認可以掌握到每個個案的狀況了，我的妹妹王松慧及妹婿許秀良也因為感動，開始參加慈濟。後來，我帶妹妹及妹婿回精舍見上人，他們的加入，也開啟了恆春的慈濟志業推動。

因為地緣關係，再加上我是恆春人，我跟屏東慈濟人也很親。屏東的圓通寺很護持上人，一九九一年屏東分會成立前，上人若要在屏東過夜，都會在圓通寺掛單，我跟春梅師姊曾經跟上人去過一次。上人如果在那邊掛單，屏東、高雄的師兄師姊，都會集中到圓通寺聽上人開示，請示一些問題或疑難雜症。

我跟著上人去的那一次，看到高雄、屏東的師姊們在廚房忙，上人就叫我和春梅去廚房幫忙，其實是多跟大家相處、互動。

像這樣跟著上人去南部，看到上人處理會務，聽那裏的資深師兄師姊向上人請益，我覺得大家都好用心，也學習到很多做慈濟與修行的方法。

我很感恩這一生能認識上人、做慈濟，覺得上人的

法很好，我就傻傻地跟著做，上人說要怎麼做，我們就怎麼做。以前也沒有什麼規矩，上人如果來黃老師家，大家就到黃老師家聽上人說話。我們坐在地上，上人坐在一張木椅上，說法給我們聽。

上人說要怎麼樣，我們就怎麼樣；上人說：「我想要蓋醫院，你們覺得怎麼樣？」我就說：「師父說要蓋醫院就來蓋啊！」他說：「沒錢怎麼辦？」我就說：「大家多努力一點啊，多勸募這樣子而已。」傻傻的，當時真的是傻傻的，聽了上人的話就去做，才能成就很多事。

有一陣子（一九八〇年代初期），上人要我們把募的錢寫清楚，他要整理一下。因為我們勸募都有簿子，很快就整理好了，後來才知道是上人準備要把錢退還給捐款的每個人。那次是因為第一次動土的醫院用地，另有軍事用途，國家要收回去。上人就說：「你們勸募蓋醫院的基金，大家都要算好，過不久這些錢就要拿回去還人家。」

上人做每一件事都是這麼清楚，而且講誠信，一般人都在意金錢，上人不要造成人家煩惱，對金錢真的很清楚。

還有一次，精舍要增建，沒有經費，花蓮的師姊們比較清楚狀況，就私下邀我們一起來幫忙，一人出一

萬元，我們和王校長、黃老師都說好，一萬元也都捐出去了。後來增建的部分完工之後，上人把我們捐出去的一萬塊，全部都退還給我們。

上人做什麼事都是公私分明，會員及志工捐款，只會用在幫助需要的人及慈善用途上，精舍的生活與需要，堅持靠常住自己。

我一生沒有什麼信仰，來到臺東能夠遇見上人，跟上上人的腳步，感覺到很幸福，很有福報。

現在，我的女兒郭萌珍、媳婦林孟蓉也都分別受證當了委員，孫女郭穎宜也在精舍上班，慈濟的使命及任務都有交棒下去，真的是很感恩。

那時候，女兒只是跟著我回去精舍，她想說孩子還小，才讀國中而已，真的要做也是慢慢來就好。但我和上人說著說著，就脫口而出：「師父，您也叫我女兒出來當委員。」結果，上人看著女兒說：「她的孩子還小，有心很好，慢慢來。」女兒跟我都嚇到了，心想師父怎麼知道她的想法，就這樣她反而被說服，一九九一年就受證了，算是很早的。

媳婦在旁邊也靜靜看我們在做什麼，覺得跟家人一起出來做慈濟很不錯，看我們在做，她也覺得很熟悉，好像很自然，就在二〇〇九年受證了。

我現在年紀也這麼大了，除了收善款、顧會員，就

是多聽上人講法，希望我的子孫們都能繼續把慈濟做
好，把慈濟精神一直延續下去。

○ 受訪：黃玉女
○ 訪問：釋德慈、釋德如、江淑怡、賴睿伶
○ 記錄：江淑怡、林厚成、陳若儀
○ 時間：二〇一八年六月二日上午、二〇一八年十月十二日補訪
○ 地點：臺東市王宅

找路高手
訪視經驗談

首次拜訪，我會畫地圖做記號，因此對路線很熟悉。

————歐順興

主述者簡介 ——— **歐順興**

一九三六年生，任小學老師，家開
媒氣行，一九八七年受證，委員
號七六五，慈誠號二〇一，法號濟
詳。早期，經常開車載送臺東志工
關懷弱勢家庭，山巔海湄，路途遙
遠，都會事先畫好路線圖。

清光緒二十六年（一九〇〇年），爸爸在澎湖出生，十五歲離開故鄉，到高雄打工，就在鹽埕區定居下來。一九三六年，懷胎十月的母親回到父親的老家待產，我在澎湖出生，在高雄鹽埕長大。

　　爸爸住在港口旁邊，在碼頭做工人，天天卸貨、扛貨，維持家計。鹽埕區是從港底挖土砂起來，填海造陸所成的海埔地，地勢較低、土質較軟，小時候，我家後面有一條排水溝，農曆初一、十五或初二、十六漲潮，大湧時就淹起水來了，常常淹到地面上了呢！

　　我小時候那個年代，在高雄的澎湖人會聚居在一起，臺南人住一堆，據說雙方不通婚的，好像仇人一樣，臺南幫和澎湖幫常常打架。另外，整個鹽埕只有兩間米絞（閩南語：碾米廠），聽爸爸講，鄉下一個村若有一間米絞就很多了。

　　一九五五年我到臺東求學，念師範學校（今國立臺東大學），住校三年，學校採軍事化管理，睡覺的宿舍床鋪是上下鋪，大通鋪大家都睡在一起，穿著、髮型規定很嚴格。

　　二十二歲時，我從師範學校畢業後依照志願，分發到

高雄縣梓官鄉蚵寮國小教書，第二年被派到仁武鄉八卦寮當分校主任，在高雄待了三年多。

一九六一年，臺東師範的同學找我到卑南鄉山上耕山[1]，後來調到太麻里鄉的三和國小教書，就傻傻地搬到臺東。太太蔡秀梅是臺中縣梧棲鎮人，她的娘家在一九五三年遷到臺東，也變成臺東人，現在兩個妻舅，一個住高雄，一個在板橋。

我在臺東成家立業，落地生根，定居到現在都五十八年了，這一切都是緣。

一九六九年，我住臺東市廣東路，任職太平國小，有位同事邀我開煤氣行，我不懂煤氣是什麼？自己家裏都還在燒柴火。

一般人家裏都習慣燒柴火，所以煤氣是很稀奇的東西。銑仔爐（閩南語：生鐵做成的爐子）以前用來接煤氣點火柴使用，不像現在的瓦斯爐都是自動點火。

我本來準備要回高雄，因為高雄縣小港鄉有間學校缺教師，通知我一個星期後報到，但我已經向區合會[2]借了兩萬元本錢，準備在七月開煤氣行，並僱請一位師傅送瓦斯；太太蔡秀梅當老闆，兼送煤氣、顧店，也負責煮飯、照顧孩子。瓦斯行開業了，我也打消搬回高雄的想法，命運就是這樣注定了。

隔年，我們搬到中華路黃玉女老師家對面，屋子是鋼筋水泥與木板隔間，那時我已經有三個孩子了，一男二

女。從學校下班回來，就換上工作服送瓦斯、修理爐具，一面做一面學，從不會摸索到會，因為不曾用過，也都沒學過，瓦斯爐裝好了，就請用戶點火看看，當場教怎麼用。

　　鄉下人都用草綑（閩南語：一束稻草）、甘蔗粕（閩南語：甘蔗渣）放入灶中生火，我推銷煤氣就到處問人：「用草綑一束可以燒幾天？」有的人說：「燒三天。」當時工人一天賺三十塊，一桶瓦斯十五公斤要兩百塊，要工作一個星期。

　　但是，一桶瓦斯用來煮菜，可以用兩個月，又不用在大灶旁燻煙，弄得烏煙瘴氣。

東寶煤氣行。（照片／歐順興提供）

我問客人：「這樣較好，還是較壞？」他說：「是喔！那就來用這個。」這樣，客戶就多一個了，有的客人說沒錢，我們也提供分期付款的優惠，這樣推銷、送貨，常常要工作到晚上十二點。

　　我常常到高雄煉油廠，載回五十公斤裝的瓦斯，在店裏用秤計重，分裝成五公斤、十五公斤、二十公斤的瓦斯桶，那時候都不怕發生危險。我和太太騎摩托車送瓦斯或爐具，最遠還送到太麻里。

　　有一位常客鄭秀葉就是跟我買瓦斯爐認識的，後來她成為慈濟志工。很多人叫瓦斯，都跟鄰居借電話，以前打電話都用手搖的，要不然就打公共電話，電話都是三個號碼的。

　　以前鄉下沒有鋪柏油路，都是牛車路，一條路有三條溝，兩邊都是甘蔗園，中間是牛在走的。太太騎五十C.C.摩托車載三支瓦斯桶，一支二十公斤，走中間，常常歪一下就摔倒，眼淚流一流，站起來牽車繼續騎，有時候跑到卑南鄉的利吉山上，來回一個半鐘頭，還有送過二、三樓的，都是自己抱著瓦斯筒上去呢！

助貧病，有緣就募款

　　說實在的，過去我對佛教不了解，都是從歌子戲中知道皮毛，第一種是年輕小姐情場失意出家，第二種寺廟

是老人隱居的地方，但那都不是正確的佛教見解。

我做過神壇的筆生[3]，也走過很多宮廟，每一間都有募捐箱、功德箱添油香錢。拜拜完了，看誠意樂捐，也沒聽過有人講經典的道理，都是有事情就買幾個水果，找乩童求神拜佛。雖然太太曾在海山寺皈依，但是了解也不多。

那時，上人每個月一定帶三到四位弟子過來臺東看個案，看完個案後，就和志工開會討論，大家講一講個案的情形、建議補助的方式。上人到臺東來，在王添丁校長家，黃玉女老師就會過來我家叫我太太：「ひで、ひで，師父來了喔，快來看師父！」叫我太太的日本名字，太太叫我一起過去，我回她：「好啦！好啦！你去就好啦！我沒有時間，你去。」

後來，我有時間去王校長家了，靜靜地聽上人、慈師父跟王校長、黃老師聊天，上人就講了，出家前發了兩個願，第一個不接受供養，第二個不收弟子，第二個願沒有辦法實現，第一個願一定會實現。

上人說自力更生，我問什麼叫自力更生？上人解釋，就是出家人工作養活自己，不接受民眾供養。

那時候很少聽到出家人用這種方式生活的，雖然我也抱著懷疑的態度，但心裏想，有時間一定要去花蓮慈濟功德會看一看。

上人講要招募有緣人，還有怎麼募款做慈濟……那時

一九八九年四月，歐順興（後排右一）與臺東委員在精舍觀音殿合影。（照片／歐順興提供）

候，十塊、二十塊、三十塊最普遍，如果募到五十塊就很多了。當時，國小老師的月薪差不多一千塊左右，工人一天收入二、三十塊，做三天工才買得起一斗米。生活水準雖然略低，但人人都有愛心。

於是，我們開始學習募款，從親戚朋友、學校老師或瓦斯行客戶開始，不要講一個月三十塊、十塊，就像現在，不講一個月交一百塊，而說一天交三塊錢就好了，一百塊跟三塊錢，聽起來感覺就不一樣。

但跟生意人募款又不一樣了，生意人的錢流動比較多，進來的錢多，出去的錢也多，跟領薪水的、做工的

不一樣。假使你一個月薪水兩萬塊，一天能剩下多少
錢？你要計算哪！

　　以前上人曾經講到，賺的錢四等份使用，一份奉養父
母、一份教育子女，一份用於家庭，一份回饋社會，這
樣每個月就有四分之一的薪水可以布施。

　　每天凌晨，我推廣外丹功，幫助別人維持健康，有時
候講慈濟，講的是做人做事，只說做慈濟，絕對不募
款。有的人就會問說：「你在做慈濟？那一個月我可以
捐多少錢？」我說：「好啊！謝謝你！」別人主動講出
來，我才接受捐款。他不拿收據，我說：「不行！一定

一九九一年四月，歐順興（前排左一）與臺東委員一起去恆春訪視
後合影。（照片／歐順興提供）

要。」每個月去他家收，由那個點再擴大，我都是這樣
募款，最遠往南收到太麻里、大武，北到池上鄉，南北
大約一百公里的距離。

太麻里第一顆種子

我募款也募到太麻里的第一顆種子（第一個慈濟志
工）鄭秀葉。鄭秀葉來自高雄縣阿蓮鄉，在十個兄弟姊
妹中，排行老么，所以哥哥、姊姊、嫂嫂都把她照顧得
很好。

她原本在高雄加工區的織布廠當領班，常常走寺廟，
到了寺廟，就會「呃、呃……」一直打嗝（敏感體質，
較易通靈的象徵），表示有佛祖、觀世音菩薩要找乩身
救世，她都不要。她說：「我一個小姐，怎麼可以？」
就因為這樣，鄭秀葉不能工作，生病都先跑寺廟求神問
佛，也到過花蓮的王母娘娘廟，還有個基督徒朋友，帶
她到高雄永安的教堂住了一個月也沒有用。

鄭秀葉大約四十歲才結婚，她說是關公神幫忙做媒
人，讓她嫁到太麻里來。

我們完全不認識，菩薩把她帶來跟我買瓦斯爐，是我
太太接的，鄭秀葉在太麻里舉目無親，太太說：「那這
樣好了，不然我們來當姊妹好不好？」

一句話就結上了姊妹緣，鄭秀葉有什麼事都會來找我

太太。我聽她講，她老公在六個兄弟中，也是老么，原來就是靠種釋迦維生。

鄭秀葉的手指頭粗粗、黃黃的，身體很不好，沒有辦法做工作，一天到晚睡覺，每到一間寺廟，都會添油香，添好多錢，先生都不敢講話，氣在心裏頭，因為家中沒有什麼錢哪！

後來我們認識後，跟她講慈濟、引進慈濟，她先生還很不高興怒嗆：「又來一個！」我說：「不要多，一個月一百塊就好。」然後慢慢介紹慈濟給她先生聽。

十五年前，鄭秀葉說她想要練外丹功，我就在太麻里開班，每個星期四去那邊的老人會，帶大家練習外丹功，鄭秀葉當召集人，三不五時練一次，這樣對身體也比較好！

有一次鄭秀葉胃痛，到省立臺東醫院（今衛生福利部臺東醫院）看病，過了六天毫無起色，我說：「這樣不行，明天我載你去花蓮看。」到花蓮慈濟醫院才七點多，掛號完還有時間，我就載她到靜思精舍參觀。

一到大殿前，上人和弟子剛好要出門，我趕緊跟她說：「你看到上人趕快頂禮。」鄭秀葉一下子聽不懂「頂禮」，我補充說跪下來問好，她看到上人，跪下去就暈倒了，為什麼暈倒呢？她說是因為邪神跑掉了，上人拍她肩膀三下，說：「沒有事了、沒有事了，起來、起來。」鄭秀葉起來之後，上人叮嚀她趕快去醫院，就

走了。

　　我們在大殿禮佛，在精舍參觀到九點，要趕去看門診時，鄭秀葉說：「好像好了，胃也不痛了。」到了醫院，醫師問診：「你怎麼樣啊？什麼地方不舒服？」鄭秀葉說：「沒有呢！好了耶！」最後醫師開三天藥，讓鄭秀葉吃吃看再回診。回到臺東，鄭秀葉的病就好一半了，健康也慢慢有了起色。

　　鄭秀葉很會募款，最多的時候曾經一個月募到十幾萬元，在臺東除了范春梅師姊，沒幾個人追得上。鄭秀葉到哪裏，哪裏就有會員，她坐火車，坐隔壁的就一定變

一九九一年底，慈濟於臺大校園舉辦「用愛心擋嚴冬」大陸賑災義賣園遊會，歐順興（右）參與義賣。（照片／歐順興提供）

成她的會員，講完第三句話，對方就進慈濟當志工了。

　　我時常對鄭秀葉說：「你外緣很好啦！但沒有對內結善緣，招會員的方法沒人跟得上你，這一方面你盡量發揮，有時間就來說給大家聽，看這些委員有沒有辦法跟上。」各人都有各人的長處啦！

　　每個人有每個人的個性，像我好像比較喜歡管別人的事情，常常把愛分出去，很多家庭都是這樣，爸爸媽媽回到家裏，一張臉臭嘟嘟，對親人不曉得愛護，都愛外

一九九八年，歐順興（後排左二）到美國達拉斯北德大學參加兒子的第二個碩士畢業典禮，順道參訪當地慈濟聯絡處。（照片／歐順興提供）

人，對外人都很好。

說實在的，我都讓孩子自動自發，因為要做煤氣生意，我下班回來，太太馬上就派工作，哪家要安裝、哪家要送瓦斯，常常忙到三更半夜才睡覺，哪有時間陪孩子？忙著教書、做生意，我也沒辦法常常去看個案。

訪視，閱歷人生百態

一九七二年，我調到臺東康樂國小任教，王校長說：「有個個案叫吳斗，住在你的學區。」吳斗是雲林縣人，媽媽眼睛瞎了，爸爸搬來臺東沒多久就往生了，姚姓鄰居是學生家長，和吳斗是遠親關係，看到吳家很困苦，就提供一塊地給他蓋房子，但吳斗是個歹囡仔（閩南語：壞孩子），欲食飯毋討趁（閩南語：光吃不做），都靠弟弟做工養家，這個弟弟在本地做工，後來生病死了。

那個年代醫療環境不好，大家都買成藥來吃，山上最好的是人家寄賣藥包，推銷員一個月上山一次，什麼藥都有，止痛的、退燒的、治胃痛的、治痠痛的，那對臺灣的鄉村幫助很大。

高雄或臺北寄藥包的推銷員都很打拚，都有分區、分鄉鎮，山頂尾溜（閩南語：偏遠的山上）一戶一戶找，藥賣愈多，收入就愈多。醫療不發達，寄藥包很方便，

救了很多人，但也可能會害了很多人，這很難說！就像吳斗的弟弟生病往生了，就是跟吃大量成藥而沒有到醫院就醫有關。

王校長把吳斗這個個案交給我，每個月我要負責送食物和救濟金到吳斗家。每次去，走到離他家三十幾公尺外，遠遠就聞到屋裏傳來的異味了。他們家有一間小客廳，小灶腳（閩南語：廚房）在右邊，一間房間在左邊。吳媽媽睡床上，吳斗睡地上，在那邊睡、在那邊吃……全身幾乎是脫光光，皮包骨的身體。

吳斗手腳能動，就是沒體力，瘦巴巴的，吃飯都得靠媽媽捧飯給他吃。有時候，我們也會過去打掃，王齡珠老師在農校（今臺東專科學校）教書，也帶過學生幫忙清掃。

颱風一來，房子屋頂破了漏雨，我們先幫吳斗向政府申請補助修理，不夠的慈濟再來補貼。但是進度很慢，乾脆找志工修理比較快。我在一九七八年退休，那一年起，吳斗這個個案就交給當地志工了。

另一個印象較深的個案林豪勳是卑南族，他姊姊林清美是臺東師範早我兩屆畢業的校友，有組過一個原住民歌舞團。林豪勳英語會話很流利，以前當兵做過海軍三年，退伍後在臺北一家五星級大飯店當小弟，幫旅客搬運行李。

因為家裏蓋新房子，林豪勳放假回來幫忙，蓋二樓的

時候，不小心從二樓頂三樓高的地方摔下來，造成頸椎受傷，四肢癱瘓，腦部沒有受傷，嘴巴還能夠講話。林豪勳摔傷不久，有人提報給慈濟，成為慈濟的長期照顧戶，直到往生。

林豪勳半身不遂，媽媽也年老中風了，都是靠姊姊照顧。雖然林豪勳四肢癱瘓，躺在床上，但是心情保持開朗，還會鼓勵別人；許多年後，朋友送給他一部電腦，林豪勳請家人將一支筷子的前端綁上一塊橡皮，用嘴巴含著筷子敲鍵盤操作。

林豪勳躺在床上整理卑南族文化的資料，還參與編輯一本卑南族語字典。二〇〇二年訪視時，我們問林豪勳：「有一個不乖的學生，帶來看看你怎麼樣？」他爽快地說：「好啊！帶來啊！帶來跟我做朋友。」林豪勳個性很樂觀，出版過兩張音樂CD片，送過我其中一張《懷念年祭》。

林豪勳生前的最後一個願望，是想要環遊世界，問慈濟能不能幫忙達成？他沒有辦法行動，出門一定要二到四個男生扛上輪椅。我們跟本會報告這件事，結果獲得同意。

第一站他到澳洲紐西蘭，我們聯絡奧克蘭、雪梨聯絡處的慈濟人，當地志工派一輛廂型車到機場接送，一路開車送他到各大城市體驗。然後，林豪勳從南太平洋的島國回來，經過夏威夷，最後一站是日本。回到臺灣沒

多久，於二〇〇六年往生。

安心安身，圓滿後事

在照顧個案的同時，若有就醫需求，一定要先安案家的心，我們會說：「第一、帶你到醫院看醫師；第二，費用問題沒關係，都幫你補助。」例如個案徐金水，是一個水泥工的小包，就是說包一件工作，再找師傅、工人來做。

徐金水原本有一個太太、兩個兒子，一家人租房子住。有一天，他要去郊外建和國小、知本國中附近叫師傅，快要到知本時，那臺拼裝的三輪車，在公路邊故障了，徐金水蹲在路邊修理，剛好有一輛大型車疾駛而過，輾過他的右腳，他就昏倒了，開放性骨折，骨頭都碎了。路人把他送去最近的醫院治療，醫師馬上開刀、補皮，前前後後開了六次刀，都沒成功。

徐金水說有存款十六萬，都用在開刀上了。院方要求他先出院，改天再來就診。徐金水花光積蓄，太太離家出走，兩個孩子都還在學，一個高一、一個高三，經濟陷入困境。

徐金水在家裏休養，睡在門邊躺椅上，鐵環旁邊掛個尿壺，還好當時的女里長王玉雲很慈悲，天天送飯給他。徐金水運氣很好，經過四個多月沒治療，傷口結

痂，也沒發炎，只是骨頭還沒接好，女里長才趕快找到慈濟來，王齡珠師姊幾個人過去看徐金水，認為一定要送醫院，馬上就找我了。

一到他家，我說：「明天馬上送花蓮。」立刻打電話跟花蓮慈濟醫院骨科主任（現為名譽院長）陳英和聯絡，他說：「趕快送過來。」第二天我壯大膽子開車，載著徐金水到花蓮慈院就醫。

前前後後接送四次，第一次到花蓮慈院，陳英和馬上幫他開刀、清理傷口，然後才又補皮，一次就成功了。徐金水在臺東開刀，補了六次還沒成功，所以這就是說：「醫生緣，主人福。」

二〇〇九年，歐順興（右一）等志工將募集到的書籍送至偏遠山區學校。（照片／林素月提供）

徐金水在花蓮慈院就診，有時候住一個多月，如果需要接送，我就去接他回來臺東。這個個案，後來被我們列為長期濟助戶，補助醫療、教育費用。

　　治癒後回來臺東，我們邀請徐金水來環保站：「如果可以，你來做一些資源分類，運動運動，可以做的就做，輕鬆輕鬆。」徐金水答應了，就在環保站剪電線、抽銅絲，林素月師姊幫他買了一套志工服，鼓勵他培訓，後來也受證當慈誠。

　　徐金水常常說，總是讓慈濟濟助也不是，孩子大了畢業了，自己就有能力獨立生活，新港（臺東成功舊名）

臺東仁愛之家建築物老舊，慈濟協助重整擴建，二〇一八年歐順興（右二）等志工陪同建築委員關心進度與品質。（攝影／劉玟足）

有位師兄出租幾間套房，邀請徐金水在那裏幫忙看顧房子，也在那邊住下來。

過去大武有一個肌肉萎縮的個案，是個遊覽車司機，肌肉不斷萎縮，我們想看看能不能救得起來，送他到花蓮慈院做檢查，結果沒辦法，還是往生了。

有的個案沒有子孫，往生了就幫忙送到納骨塔，功德才算圓滿，這都是聽上人的教導，訪視從頭到尾，圓滿結束。

時代進步，學無止境

訪視的話，過去沿著臺九線到南橫利稻、埡口山上，全縣南到達仁鄉差不多八十公里，北到東海岸樟原、大港口（秀姑巒溪溪口），都是訪視的範圍，如果到北溪、南溪，路況都很糟糕。

出去訪視，臺東志工幾乎都約星期日，師姊一個人做一道菜，有的帶飯，有的煮菜，出去像在遠足，多好、多有趣！我們很愛去訪視，好像小學生一樣，真高興！

因為我熟悉路況，大多是我開車載志工沿途探望個案。為什麼我對路會很熟？鄉下找路沒有那麼方便，我會找人問路，那時候哪有手機，要借電話，常常要問過好幾戶人家，不然就是找公共電話或派出所，要是第一次到一個地方，我都會記錄從臺九線或臺十一線行駛，

在哪個地方停留，就做一個記號，或畫一張地圖。要是我沒空，就可以跟別人說明訪視路線，所以我很會找路，臺東的師姊都說，不管我到哪個縣市，都知道路。

訪視時，先了解個案的家庭狀況，當場才會知道怎麼問。有的師姊是前輩，通常很樂意分享經驗，我就聽、就記，有提報的都挑起來，往哪個地方去，一邊規劃訪視路線。

回來臺東，不是像現在每個月開一次會，而是馬上就要開小組會議，討論今天的個案怎麼處理，大家做決定，要是不知道怎麼辦，就要找人協助評估，我常常打電話找花蓮本會的何玉惠師姊，本會補助個案，都是她在協助處理行政事項，玉惠師姊最了解個案的補助方式，不知道的人都打電話問她：「這個個案怎麼辦？」「我們這樣處理對不對？」

何玉惠師姊看個案記錄非常細心，詳細說明怎麼做，我就一項一項記錄下來，家系圖畫下來，一個一個問清楚、寫清楚，這樣才會一目了然。有的人記錄寫得很籠統，到時候大家討論三心兩意，反而不知道怎麼辦。

有經驗的人看到就會說：「怎麼寫得這樣花糊糊（閩南語：潦草、混亂）？」如果師兄、師姊有說對的地方，我們就收起來，接受建議，修改做法，以前我們是這樣討論個案。

比較晚進來的志工，我們會分案給他，「來，這個個

案給你寫。」其實是在培訓志工，他寫了以後，再拿來大家看，哪裏要修改，哪裏給建議，一起落實，以後訪視就後繼有人了。

我們不要總是自己看個案，一定要慢慢傳承下去。我們看個案很認真，那都是上人教下來的、玉惠教下來的，玉惠都在上人身邊，有什麼事情就隨時請教。這都是要學習啦！時代一直在改變，我到現在也還在學習。

1　開墾山坡地或山上較平坦的農地，種植農作物。

2　合會即互助會，臺灣、香港等地民間流行的小額信用貸款。一九四八年起，臺北、新竹、臺中、臺南、高雄、花蓮、臺東等地陸續成立地區合會儲蓄公司，即後來臺北商銀、新竹商銀、臺中商銀、臺南企銀、高雄企銀、花蓮企銀、臺東企銀的前身。

3　當神降臨乩童身上時，藉乩童所傳出的神諭，不是一般信徒所能了解，於是，需要一位靈媒者加以翻譯，傳達給家人或信眾。因其坐於神桌旁或用筆記錄神諭，故稱為「桌頭」或「筆生」。

○ 訪問：江淑怡、林厚成
○ 記錄：林厚成、孫姚鵬、江淑怡、何予懷
○ 時間：二〇一八年六月十五日、二〇一八年十月十二日
○ 地點：臺東靜思堂

紅塵為舟

傳心法

做志工不挑工作，只要時間許可，通通去做，做愈多學愈多。──范春梅

主述者簡介——范春梅

一九四八生，從事美髮美容，
一九八七年受證，委員號九五八，
法號慈琳。投入慈濟志業後，著力
於訪視、募款，會員人數眾多，陸
續累積六本勸募本、會員高達一千
兩百戶。

一九四八年，我在臺東縣太麻里鄉美和村一個名叫荒野的地方出生，大概在卑南鄉知本附近。

　　雖然我只有小學畢業，但在就讀美和國小時，成績都保持在前三名，連老師都來找我爸媽，說要幫忙出錢報名考初中。可是爸媽說：「女孩子讀那麼多書做什麼？也是要嫁人，男孩子都沒有讀了，不行！」雖然老師想說，讓我去考一定考得上，不過爸爸不肯，而且當時哥哥也沒有繼續升學。

　　讀國小時，爸爸去山上採集薯榔，凌晨三點出門，一大早我就要起來煮飯，讓爸爸帶上山。薯榔是人家染布用的天然染料，紫色的根莖不能吃，只能夠用來染色，通常要到深山裏才找得到。

　　那時候我只是個十二歲的孩子，不到三點就要起床燒柴煮飯，以前燒柴生火，食物差不多熟了，要趕快把大塊的柴火拿掉，放著做火芽（燃燒後的小塊木炭）烘，偶爾打瞌睡，忘了把火芽拿出來，飯都煮到燒焦了。

　　我們家有一甲多的農地，女孩子就是我最大。到小學畢業前，我都要騎腳踏車到三和大水窟那裏割牛草，或是美和村在砍甘蔗的時候，去撿甘蔗尾回來給牛吃。上

山割牛草，下午三點前一定要挑牛草下山，用腳踏車載回家，沒有下山的話，起霧就看不到路了。

　　小時我對做衣服很感興趣，看人家車衣服（用裁縫車縫製布料），聽到裁縫車發出達達達達的聲音，就希望長大也能學裁縫。到了十八歲，我想要學手藝，一直很想學做衣服，可是從知本到崎仔頭只有兩家做裁縫的，我去問老闆娘，都沒人願意教學，她們說：「做衣服不好啦！妳去學燙頭髮啦！」鄉下孩子很老實，那我就去學燙頭髮，沒想到去臺北也可以學做衣服啊！

　　一九六六年來到臺北，我在中興大學法商學院（今臺北大學臺北校區）附近的一家美髮店當學徒，那時候免費學，得要三年四個月才能出師；鄉下小孩很勤勞，在

一九九〇年，范春梅、黃玉女與宋美智帶著會員去蘭嶼訪視。（照片／范春梅提供）

家裏都做習慣了，每天在店裏打掃、拖地板，每個月還有幾十塊的零用錢。

那是還很保守的年代，男女不能走在一起，怎麼樣都不行！我要出門到臺北學手藝的時候，爸爸、媽媽還特別交代：「你如果交男朋友，給我小心一點！就斷絕親子關係！」

我很努力學，做了大概半年，就去萬華東園街的一家店當助手。在東園街工作時，我遇過一對很有錢的夫妻，兩人常常吵得不可開交，因此在我的腦海裏留下一個觀念，就是男孩子家裏窮沒關係，只要對家庭有責任就好。

學習大概半年的時間，我到基隆愛三路位於二樓的一家美髮店工作，愛三路的草店行[1]有很多娛樂場所，很多女孩子需要做頭髮；約二十歲時，我才回來臺東。

一九六七年回到臺東，不久就聯絡小學同學開同學會，又和同學也是鄰居的李勝雄重逢。小時候要走到知本溫泉，都要從山下經過他家，兩人可以說是舊識，李勝雄家有十幾個小孩，他排行老二，我們家都會請他爸爸、媽媽幫忙，他們常常幫我家晒稻穀、割稻或插秧。

同學會後，大家拍合照留念，我和李勝雄走在一起，被弟弟看到，回家跟爸爸、媽媽告狀。爸爸、媽媽說：「不可以喔！如果要在一起，請人家來講！」我們都很了解彼此的家庭環境，他便請媒人來家裏提親，就這樣

訂婚了。

我們在一九六八年底結婚，婚後住在臺東，賺錢都要拿回家，雖然有開美容院，但賺的錢只夠支應家裏開銷，先生對家庭很有責任感，他從十四歲當學徒開始到成年前，他家裏的經濟都是他在支援。

一九六九年中秋節，臺東縣卑南鄉大南村發生一場大火。那一年我生老大，小孩整夜哭不停，隔天帶去收驚才安靜下來，所以我對那場火災記憶猶新。一九七五年，蔣中正總統去世那一年，先生離職；隔年老么出生，我們搬到中華路一段，先生自己開一家麵條加工廠，因為沒有店面，我在工廠裏替客人理髮，很不衛生，就沒再做美髮，改行專門替人修指甲。

母雞帶小雞，生生不息

一九七七年時，剛好有個朋友在娛樂場所挽臉，介紹很多客人給我，我才到臺東市特種營業場所或旅館等處為小姐修指甲，繞一圈臺東市，差不多一個月。天天凌晨四、五點起來幫忙做麵，麵做好後拿去晒，接著就出門買菜、幫人修指甲，中午回來煮飯，下午再出門繼續工作。

一位小姐修腳指甲，收兩百塊，如果加上手指，收三百多塊，有時候一天最多可以賺到三千多塊錢，這些

小姐都會先打電話或留言BB call²，預約修指甲的時間。修指甲工作做到一九九五年，因為對眼睛比較吃力，就乾脆不做了。

在做修指甲的生意時，我碰到一個客人林秀鳳，她妹妹是慈濟的救濟對象，林秀鳳也是慈濟會員。她說妹妹智能不足，嫁給一個重病的外省老兵，生養兩個孩子，妹夫生病拖累全家相當自責，自殺身亡後，也是慈濟幫忙處理後事。

我問林秀鳳：「什麼叫做救濟對象？」林秀鳳說：「慈濟每個月接受捐款，救濟窮人，真的有在做事。」我了解了以後，覺得這個團體很好，也想捐錢救人，林秀鳳幫我問到慈濟委員康皇英。

康皇英去臺北後，林秀鳳再介紹黃玉女老師來我家收款，這才開始接觸慈濟。黃老師來收功德款，收一收就走了，也都沒有說什麼。

一九八四年，先生李勝雄在臺東多良出差時，出車禍腳受傷，因為先生血糖太高，我們在臺東就醫的外科診所的醫師不敢開刀，只好北上住進長庚醫院休養，回來臺東後一直沒有好，需要我在旁邊照顧。

一直到一九八六年八月十七日，花蓮慈濟醫院啟用，我也進慈濟了，直到現在，我的慈濟資歷是跟花蓮慈院同齡。當時慈濟委員帶會員到花蓮參觀靜思精舍，我就是坐遊覽車的其中一人。那天參觀醫院，然後又去精

舍，地方那麼小，也沒有中庭，大殿後面的房子很簡陋，志工就睡那裏。

第一次進精舍，我很驚訝：「這位師父跟別人不一樣！開了一家這麼大的醫院救人，大殿裏卻找不到一個功德箱。」當下默默地發願：「慈濟很合乎我的理念，這裏就是我要來的地方。」

回臺東後跟著訪視、發放，我和王添丁校長、黃玉女老師看完個案，每個月到精舍參加全省聯誼會，那時候還沒受證委員，就上臺報告個案了！當時，臺東志工借用博愛路國民黨縣黨部的場地發放。

那年年底我就受證了，受證前見過上人一、二次。有次黃老師帶我回精舍見上人，書房裏點著一盞小燈，上人談到各地志工報告個案：「每次叫到臺東，都沒有人舉手。」聽到後沒經過考慮，我就脫口而出：「師父放心，以後每個月我至少會回來一次。」當下也沒想到，我不是委員，只是個會員，就是很單純地想，一個月回來一次，對我來講是很簡單的事情，一定做得到！

傻傻地迸出「一個月回來花蓮一次」這句話後，我也沒有食言，每個月都回精舍參加全省聯誼會。志工參加全省聯誼會，遇到比較困難的個案，沒辦法決定給多少錢的時候，就在會議上報告，由本會師父幫忙評估。

剛開始還在精舍舉辦，後來移到花蓮慈濟醫院大廳佛陀問病圖前面，最後因為人太多了，精舍、醫院容納不

下，全省聯誼會才改在各地靜思堂或會所舉辦，其實也是要讓會員參加慈善活動，直到二〇〇三年，臺灣爆發SARS疫情，就沒有全省聯誼會了。

另外，每個月我也會帶會員坐遊覽車到花蓮參觀靜思精舍，因為我是從坐遊覽車參訪進來慈濟的，帶會員了解慈濟，說不定也會有發心的人出來做慈濟。每個月會員人數以三十、六十個人的速度增加，黃老師因此鼓勵我出來做委員，我想了想，回答：「沒有關係！我在幕後[3]可以做幕前的工作，但是如果出任委員，不能夠不做，如果我覺得可以的時候，就會挺身而出。」

一九八七年，我回精舍打一次佛七，隔年又回去一次，正好碰上妙喜法師[4]請回上人開示的《妙法蓮華經》，帶回韓國。雖然妙喜法師不懂中文，一樣默默地在旁邊用「眼睛聽」、「耳朵看」。

後來，又有佛一、佛三的精進課，就是要不斷地帶會員參加活動，在社區才能夠招募到志工，臺東有很多志工都是這樣出來的。

一九八九年慈濟護專（今慈濟科技大學）啟用時，我帶了十七輛遊覽車的會員回花蓮，在臺東租不到車，還找到高雄去了！因為很多師姊沒有帶車的經驗，我還要寫好講稿，註明在車上要講哪些事情。

像我帶車，就會講我做過或參與的志工活動，這就是師父說的：「做我所說，說我所做！」沒有帶車經驗的

師姊，沒辦法講，所以每一部車我都要事先給一份資料，讓負責的志工照本宣科。

那次回來臺東，我才知道這樣沒辦法把會員照顧好，這就是失敗的地方，從此以後，我不要帶那麼多人，每次帶兩、三部，最多四部就好了，重要的是把會員照顧好，這才是成功，真的很懷念那個時候。

剛開始帶的時候，我想盡量讓會員負擔少一點，每個人收三百元，不夠的部分，我自己貼錢，但是後來覺得，不能夠長期貼錢，要先算好支出做帳，為什麼？因為有結餘款的話，我們就捐出當月的款項，這樣最公正，免得以後大家有什麼意見。

後來比較少輛車，我們以照顧好會員為原則，會員愈來愈多，也會產生幕後，像宋美智的小雞[5]共有七個人，楊樹山夫妻、翁源枝夫妻、蔡萬俊夫妻、楊粉都是同一梯出來的。

還記得有一年過年，宋美智回去精舍參加歲末祝福，抽到慈師父那個手拉胚，最大窩的「母雞帶小雞」，得到很大的祝福及鼓勵，所以生很多「小雞」。那時候，大家的士氣跟力量都很大啊！

包山包海，自己找事做

每天我到娛樂場所為小姐修指甲，同時也會向小姐募

款、招募會員。這些小姐家境不好，才會到特種行業辛苦地上班，很多人會賭博，沒有好好用錢，太可惜了。所以我修指甲時，都會邀請小姐繳善款。

收善款的時候，曾經還遇到小姐說：「債主來了！債主來了！」我回答說：「你怎麼說我是債主？我要花時間、油錢幫你拿善款做功德，這不是債主喔！這錢不是給我的喔！我只是賺『歡喜』而已。你這樣說，功德減一半。」

這些小姐捐錢，我很開心有人一起做好事，「你被客人揍，辛苦賺錢，也要把錢用在刀口上，如果亂花錢的話，不是很沒有意義？」從此以後，沒有小姐敢講我是債主。

我跟小姐聊天，聊聊家裏的困難或走入風塵的原因，叮嚀著賺的錢要好好存起來養老，因為做這一行的人不一定年紀大了還能有健康的身體。很多特種行業的小姐包養男人，還會被揍、被捏，眼皮黑黑的，全身都有瘀青，真的很可憐！

我也只能勸大家，賺錢這麼辛苦，賣皮賣肉的錢一定要存起來！不然以後身體不好，沒錢了怎麼辦？我從這些小姐身上學到生命的可貴，從工作中體會到生命的價值感。

很多小姐真的是逼不得已，只有這種皮肉錢好賺，不是家境不好的話，真的沒有人願意做，這些小姐離不開

聲色場所，換職業能做什麼？沒辦法做粗重，只好賣身，別人根本幫不上忙、使不上力，我也只能透過個案輔導個案，紓解小姐心裏的苦悶，譬如這家小姐情形怎樣，告訴她另一家女孩生活更苦。

我跟小姐只是生意上接觸而已，不敢挖得太深，如果再深一層，小姐也不會說，也有一個界限，那是人家的隱私嘛！但我會講靜思語、志工做的事，或說說個案故事之類的，這些小姐聽完，常常感覺自己比個案還幸福。我講今生來世，讓她們了解今生受苦，要造來生之福，捐一、兩百塊做點好事，多多少少種一點善因。

受證之後，王校長就要我負責推廣會務，那時候沒有活動組、精進組、人文真善美，就叫推廣會務，就是要介紹慈濟，一直推廣。好啊！我就辦茶會嘛！池上啦、關山啦、長濱啦！恆春是因為靜豪師姊娘家在那邊，想要度那邊的人出來，所以我們辦到恆春去，當地志工還跟我們說：「黑卒仔呷過河（閩南語：越區招募之意）。」那時候我辦茶會，每一個月都好幾場喔！

我記得，一九九○年有一次上人在屏東推廣會務，我們去屏東分會陪師父過一夜，第二天就在恆春辦茶會，後來那邊有小雞出來呀！就是靜豪師姊娘家的那些小雞，還有她妹妹啦！

臺東這裏也是，關山啦、池上啦，這都是當時辦茶會的時候出來的！

那時候都會請花蓮慈濟醫院的林俊龍副院長（現慈濟醫療志業執行長）、醫院志工顏惠美師姊來演講！到處辦茶會，邀請講師演講，愛灑的效果很好。

　　我雖然是黃玉女老師帶出來的，但是她也常去嘉義，她的兒子王壽榮師兄是那裏的第一顆種子，她要去帶他做訪視、做慈濟，到後來壽榮師兄承擔起嘉義的會務推廣組。

　　玉女老師不在臺東時，很多時候是我自己去摸索做慈濟的方法，莽莽撞撞，自己找人、找資料，我努力做我能做的，也讓她安心我有盡到責任。有時還要去臺北、花蓮、高雄、臺中開會，活動組、精進組的會議，通通要到。

　　那個時候火車班次很少，飛機票沒那麼貴，因為時間上的關係，坐飛機去臺北比較方便，所以臺北志工都不知道我是臺東人，還以為我住臺北，因為不管在哪一個地方都有看到我。

　　我跟各區志工互動良好，只要需要什麼資料，大家都會盡量分享；而別區志工如果需要我幫忙辦事，也是一通電話，我都辦得好好的。

　　早年叫辦茶會，就是現在的愛灑啦！有差別就是說，現在的人因為道場很多，各個社團的活動也很多，但是慈濟的志業工作量多，變成在精神理念方面上，後進的人比較不足。

不像我們，爬樓梯是一層一層自己爬上來的，現在的人，一步就想到六樓去了啊！這個過程沒走過、沒做過，就沒辦法了解這麼多，我們是這樣做起來的，都親身走過、做過，都很清楚，感覺就是很扎實。

　　資深志工一定要陪伴新人，自從有志工培訓制度，除非身體不舒服，不然我一定陪伴帶進來的每一個學員，我都給新進志工一個觀念：「不管什麼工作，只要時間許可，通通都做，不要分什麼要做，什麼不做。」

　　我如果接到電話要我去參加活動或陪伴新進志工，都說好！我先生都罵我：「你包山包海！」我會說：「你不做，誰要做？」那時候當志工，通通自己找事做，專門挖掘工作。

體會疾苦，修人生學分

　　一九八八年四月，顏惠美師姊來臺東上插花課，招募志工，條件之一就是結業後要加入醫療志工；十月，花蓮慈濟醫院成立醫療志工隊。

　　早期，醫療個案出院後，志工都會配合慈濟醫院訪視，我做到一九九八年，才交給蘇金蓮師姊；隔年八月十五日，我們跳山地舞，她有血管瘤，暈倒過去，就再也沒有起來了。

　　再來就是懿德媽媽，我整整做十年，那時候承擔太多

擔子，活動組組長還有志工隊，二、三擔一直在增加，我去臺北開會的時候，希望醫療志工交棒給別人來挑，因為一個人沒有辦法挑那麼多了。

我們做醫療志工的時候，顏師姊帶我們去看獨居的人面瘡阿嬤、象鼻阿嬤，這是屬於生命教育的一環，病患出院以後，醫療志工也會到患者家裏訪視關懷，就是現在的居家關懷；當醫療志工回來後，我們也可以到會員家分享當志工的所見所聞。

人面瘡阿嬤住在花蓮市，右半邊臉長了一顆很大的膿瘡，那顆膿瘡就跟一張臉一樣，彷彿長了眼睛、鼻子、嘴巴，地上有一張釘好的木板，高度大概到腳踝，人面瘡阿嬤在那裏睡覺，好多老鼠在咬她的腳，她也不知道疼痛！

人面瘡阿嬤和臉上的那顆瘡和平共處，如果是一般人長瘡，一定都會很悶悶不樂，心情不好，病情加重惡化得比較快，我們沒有看過這樣的場景，原來世界上還有這種遭遇不幸的人。

象鼻阿嬤住在豐濱，嘴巴被一顆巨大的瘤蓋住了，志工們去餵她吃飯，都要將那一顆瘤掀起來，她才有辦法吃東西。

以前臺東志工都是上班族，所以都在星期六或星期日訪視，分工也沒那麼細，一起承擔三、四百件個案，從大武、池上、長濱分成三條路線，繞回來看到好，差不

多一個月。

　訪視確實是見苦知福，沒有見到這些苦難人之前，不會這麼覺得，去看了才知道，原來自己很幸福。有一次，我們開好幾輛車，到臺東市南王部落時，雨下很大，志工開到旁邊說：「那麼大的雨，我們不要去了。」我說：「慈濟人風雨生信心，往前走！」

　我們看個案都會從最遠的地方看回來，第二天就不用跑那麼遠了，結果那天我們到池上的時候，雨停了，假如沒有向前，不是太可惜了？

　我們曾經幫助過一個照顧戶吳斗，他四肢無力沒穿衣服，每天一到黃昏，就拿一支刀子，一直砍木板床，砍破一個洞，在那邊大小便，弄得整間屋子都很臭。我們

一九九四年，志工關懷個案象鼻阿嬤。（照片／范春梅提供）

來幫他洗澡、換床，幫他弄得比較舒服一點。

吳斗的媽媽往生後，便靠遠親鄰居送飯。那個鄰居看到慈濟志工非親非故，都能夠照顧吳斗，後來就加入慈濟會員。

在初鹿，有個個案姓許。許先生住在竹林邊一間茅草屋，撿了很多又破又舊的衣服堆在裏頭，根本沒有地方睡覺，一路延伸到門口的一根長竹竿，通通掛著大腸啦、豬肚啦、豬肝啦，都長蟲了，好臭！

他在旁邊堆石頭，放上大鍋子煮飯，用竹子燒，若燒起來，不就整間竹子屋都燒掉了！我們建議蓋一間鐵皮屋房子，徵求許先生和鄰居的同意，就在過去一點點的地方蓋鐵皮屋。

蓋完不過才一年多，最後一次我們去訪視，敲門怎麼沒有聲音，推門打開一道縫隙，看到許先生已經躺在地上，頭部有白毛巾裹住，包得像木乃伊一樣，包得好好，手腳弓著，腳朝外面，有穿上衣，下身穿一條內褲而已。

他大概想要穿褲子，沒有站穩，就這樣倒下去，不曉得怎麼就往生了，手都發霉，往生應該也有一、兩天，我們趕快助念，請師兄報案找警察來。那天我們到警察局做筆錄，忙到很晚才回臺東。

還有一個案在關山鎮德高里，因為有精神病，不出房間，靠嫂嫂送飯過活，常常會發出像熊的低吼聲，吼

——吼——吼——這樣的聲音，我們訪視時叫門，怎麼叫都沒人應聲，推門進去一股味道湧上來，個案躺床上一動也不動。

個案在床上往生，小腿潰爛，沒有就醫，發出惡臭，我趕快問他嫂嫂：「你們早上沒有送飯給他吃嗎？什麼時間？他好像斷氣了。」她說是嗎？我們趕快報案，然後回到案家，一直念佛。

還有一對劉姓兄弟，住在大南橋附近，一個跑船吃藥（吸毒），神經有點錯亂，一個飆車摔倒，橫著走，像螃蟹走路。最初，劉媽媽帶去高雄同住，後來沒辦法負擔了，就搭計程車回來，偷偷把兩個孩子放著，又逕自離開了。

兩兄弟的阿公、阿嬤住山腳下的一間房子，我們每個月都會去訪視關懷，劉姓哥哥的四肢會一直抽搐，沒有綁起來不行！真的，看到的苦相實在很多！

現在，我跟施淑珍、陳宛辰一起訪視，我開車載大家，三個人負責富岡漁港到卑南鄉富山，北邊海線一帶，比較靠近市區，手上的案本，加起來有三十五戶。

因為星期六、日，慈濟常常有活動，加上施淑珍在上班，我們就等她五點多下班，利用傍晚時間去看個案。

若是兩、三個月複查，一次要看完幾十件，就會選六、日早上六點出發，先到遠地訪視，一路回來臺東，看到晚上七、八點。

生老病死，皆坦然接受

我的大兒子李政聰原本住基隆七堵，媳婦有子宮肌瘤，不易受孕，夫妻本來就不打算生育，我說：「沒關係，沒生就是沒欠人，夫妻兩人賺錢吃飽就好，身體健康就是福！我沒有其他要求。」

兒子都沒用過健保卡，沒想到在二〇一五年六月腦幹中風，第二十天就過世了。兒子四十七歲往生，大體捐給慈濟大學醫學院。

那天晚上十一點，我們趕到醫院，在加護病房跟醫師說：「救得起來就救，救不起來就讓他救人。」醫生說開刀是植物人，不開刀也是植物人，我們決定不讓兒子氣切做任何治療。

本來想說，如果兒子腦死就辦器官捐贈，不是腦死的話，只能捐眼角膜，只有一個人受惠，所以我決定捐出兒子的大體。

辦完後事，十一月間我得了蜂窩性組織炎，住院二十天，打抗生素，身體狀況一落千丈。

隔年，我兩眼都動白內障手術，養了差不多半年多，好一點了，我就決定每天一大早去走森林公園，保持身體健康，晚上去陪王添丁校長、黃玉女老師吃飯。結果換心臟出毛病，躺下睡覺喘不過氣來。

後來我到花蓮慈院，找心臟內科王志鴻醫師檢查，背

上圖/二〇〇三年桃園中壢志業園區舉辦義賣園遊會，范春梅（左二）等人遠從臺東來助陣，義賣靜思雅石、中國結、手工藝術品。（攝影／萬德勝）下圖/二〇〇九年臺東莫拉克風災後，范春梅（右二）等志工了解受災家庭的需求，評估是否轉列長期或居家關懷個案。（攝影／許榮輝）

了一天測試器記錄心律，看報告的時候，醫師說，我的心律不整，高的太高，低的太低，一定要裝節律器。

七月八日，臺東因尼伯特颱風受災嚴重。本來約好七月十二日開刀，可是風災那麼大，我忍不住問醫師可不可以等風災救助工作結束過後再去？醫師說不行，這樣很危險。

九到十一日，我跟著去賑災走了三天，十二日開刀裝節律器，回來後三個月不能動，坐著沒有運動，就胖起來了。後來想，這樣不行，我還要走慈濟路，不可以還沒有走就一直跌倒。

二〇一七年王校長辭世，我還是會去陪黃玉女老師吃晚飯、看大愛臺，晚上九點去走美術館，走差不多三千六百公尺再回家。這一陣子手腳比較俐落，不會一直跌倒，不然腳都抬不起來！

現在只有身體能夠卡住我，什麼事情都無法阻擋我做慈濟。信根如果扎得深，絕對不會受到動搖；信心不夠深，根不夠堅固，難免樹上一搖擺就會動搖。

先生身體狀況也不是很好，有三高、糖尿病，準備要洗腎。先生住院或我去住院，各自準備好照顧費，請專業看護，誰都不用照顧誰，為什麼？先生不會照顧我，我也無法照顧他，他那麼胖，一百多公斤，翻一隻手都翻不動，哪有辦法照顧！

我和先生都寫好大體捐贈同意書了，如果有幸能捐贈

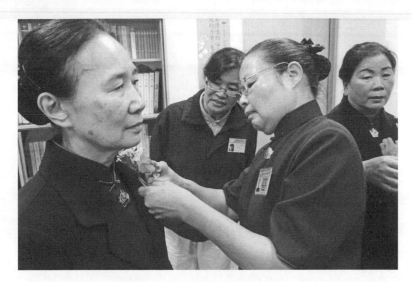

上圖/二〇一二年臺東歲末祝福暨授證典禮前，范春梅（右）特地為新受證委員郭綉鳳別上胸花。（攝影／陳秋香）下圖/二〇一四年，范春梅、楊東昇等志工參與臺東新芽獎學金審查作業。（攝影／施惠珍）

成功，在花蓮把我火化植葬就可以，骨灰不用再帶回來臺東。

做慈濟做到最後一口氣，最擔心的就是沒有人接勸募本，像我每個月去收善款，會先把時間安排好，讓會員談談家庭狀況、婆媳問題等，幫忙把問題解套。會員有不同的需求，要交給別人去收，還真不放心。

以前常常收到晚上十一點才回家，現在有點年紀了，騎摩托車比較危險，白天趕快收一收，傍晚五點以後就不收了。有些人已經收了二、三十年，我的會員大部分沒有斷了聯絡。

一本勸募本兩百戶，這麼多年來，我陸陸續續累積了六本，幾乎每天都在收善款；現在臺東應該是我跟宋美智數一數二，保持著三、四百戶，我都騎摩托車收款，除了知本、都蘭山那些地方，遠途開車，三、四個月收一遍，基本上以會員方便為原則。

為了邀請會員收看大愛電視臺，通常我也會陪著看差不多十五分鐘；我還寫過一張清單，列出《人間菩提》、《志為人醫守護愛》、《大愛醫生館》等節目的播出時間。

會員身體不好的時候，我們還要買五穀粉當伴手禮，關心一下他的健康，這樣子互動，才有辦法長久啦！

二○一八年上人行腳開示，請大家拿五十歲存進「壽量寶藏」，如果減掉五十歲，我才二十一歲，做志工還

是有一點點衝勁啦！我這一生，近一半的歲月在做慈
濟，付出有限，收穫很多啦！就算體力不好、我還是會
堅定往前走！

1　今基隆市愛三路五十四巷一帶，在清代由於茅草屋林立，舊稱
　　「草店尾街」。

2　呼叫器，一種具有接收和傳送簡易文字信息功能的個人無線電
　　通訊工具。

3　尚未完成培訓的志工，協助受證委員。

4　韓國藥水寺住持妙喜法師，於一九八六年與靜思精舍締結姊妹
　　寺，而後經常來訪精舍。

5　早期慈濟志工，把接引自己加入慈濟的志工稱為母雞，而受接
　　引的則稱為小雞。

○ 訪問：陳芝安、謝欣志、林厚成、江淑怡
○ 記錄：林厚成、陳芝安、吳淑麗、林淑惠、鍾偉真、江淑怡、何
　　　　予懷
○ 時間：二〇一七年七月六日、二〇一八年六月十五日、八月十三
　　　　日、十月十二日
○ 地點：臺東靜思堂

人生最愛
為什麼做訪視

生活沒有缺欠，能利益社會，就要把握因緣，付出無求。———余輝雄與宋美智

主述者簡介 ——— 余輝雄 宋美智

余輝雄，一九三八年生，曾開過貨車，後來在土地銀行臺東分行擔任職員，一九八八年受證，委員號九九八，法號濟承，二〇一八年十月因肺腫瘤往生。

宋美智，一九四二年生，曾送牛奶補貼家用，一九八七年受證，委員號九九八，法號慈桀。兩人於臺東從事訪視三十餘年，宋美智至今仍持續關心卑南鄉太平村、泰安村一帶的弱勢家庭。

宋美智：

　我是花蓮人，家裏包括我在內，有三個兄弟、七個姊妹。因緣真的很重要，慈濟在花蓮，但因為沒人牽引，我一直無緣走入。結婚後，從花蓮搬到玉里，再搬到瑞穗，最後定居臺東，都沒有親戚，我很不習慣，很想回到花蓮。

　一九八二年，我在臺東一家材料行買鈕扣，碰到慈濟志工龔梅花向人介紹花蓮慈濟功德會。當時聽到花蓮就有一種親切感，我靜靜地站在那裏聽她說完，問她剛剛說的是證嚴法師嗎？她說是，接著就問我要不要參加？買了鈕扣，我只剩五十元，我跟她說：「我先繳五十元，下個月再全家加入。」

　龔梅花在菜市場幫人縫鈕扣、繡學號，生意很好，只收善款，很少參與慈濟的活動，我從那一天開始繳善款，也很少聽到慈濟的任何消息。

　那時，我才剛開始學佛，皈依演音法師，會唱也會背《爐香讚》，可是不懂意思。平常我送牛奶補貼家用，一個星期只工作兩天，如果有時間，哪裏有佛七，我就會去參加。成為慈濟會員後，聽妹妹宋菊桃說，慈濟功

德會有打佛七的活動，於是透過別人介紹，我跟著黃玉女師姊去靜思精舍打佛七。

報到的前一個晚上，上人開示《爐香讚》，我才恍然大悟，真的受用。當時，覺得這個師父很好，能夠皈依更好，佛七結束，上人介紹慈濟功德會救助窮苦人家的理念，我就在這個時候皈依了。

回臺東途中，心裏想從今以後哪裏都不去了，我要專心跟隨上人做慈濟，那時候不知道這叫做「發願」。可是我那麼笨，口才又不好，怎麼邀人？當委員一定要募款、收善款。後來聽上人說，做慈濟功德無量，要記得說感恩、道祝福，第一要感恩照顧戶，第二要感恩繳善款的會員，第三才是感恩委員。於是，我發了一個願，只要喝我送的牛奶的人，都要邀請他繳善款。

當時心裏想，媽媽愛做善事，小時候常要我把家裏沒賣的農產品，拿去送給比較窮苦的人；媽媽五十三歲就往生了，未完的心願我來完成。那麼簡

余輝雄、宋美智與三個孩子合影。（照片／宋美智提供）

單的心念進來慈濟，轉眼也三十多年了。

其實我更感恩先生的信任，我跟他說慈濟在救助窮苦人，讓有愛心、有錢的人出錢來做好事，因此我決定要做慈濟。他說：「好啊！你如果沒有辦法收善款，我幫你收。」讓我很感動，因為我只會寫人家的名字，不會算錢，算十遍都不一樣，募款一定要帶他出去，沒有他幫忙沒有辦法，他也很樂意，就這樣開始收善款，收的很開心。

上人說推什麼人都不夠厲害，身邊那個人如果推得出來，就是這一支啦！（比大拇指）意思就是如果夫妻檔一起當志工，另一半就比較不會受到阻礙，所以我就邀請先生出來做慈濟。

余輝雄：

一九五四年，我十六歲時來到花蓮，在花蓮貨運當學徒，學修車、開貨車，太太宋美智的父親就是我的修車師傅。我們在一九六一年結婚，一九七五年搬到臺東，我慢她一年受證，一九八八年進來慈濟。她做的事情我都支持，她說要募款，不敢跟人家收錢，我說沒關係，不然我來收。

當時，我已經在土地銀行臺東分行上班，認識很多公賣局、中油、臺糖等單位的人，銀行都有人派駐各個機關，需要收付款時，就要送錢過去，我們就是開一部車，帶一個警察、兩個職員送錢。

碰到人我都説：「來參加慈濟功德會，幫忙窮困人家可以嗎？一個月不要多少錢，一百塊就好了，如果有意願，五十塊也可以。」收善款，臉皮要厚一點，大部分的人都會説好，就是這麼收，宋美智不會做帳，收的錢通通我在整理，張三多少、李四多少，募款做好帳目，寄到花蓮本會。

宋美智：

結婚前，我在花蓮受雇於一位外省太太，縫製男裝、西裝褲，因為一直搬家就沒有客戶，結婚後搬到臺東剛好第十次，多少幫忙鄰居做衣服，賺一點錢，後來有孩子也不能夠做，等到孩子比較大了，我也去做農，幫人家除草，工作最多的時候，一天換三個老闆。

早上做麻花捲，要揉要捲，一個小時十塊，做四個小時；下午去青果號包橘子外銷。當時，臺東還有鳳梨會社（臺灣鳳梨股份有限公司）生產鳳梨罐頭，用機器絞果肉，晚上當班要把果肉夾起來，總共十二個小時，所以説是一天換三個老闆，做了一段時間，沒有很長啦！我媽媽説，做女人一定要勤要儉，勤就是勤奮工作，不是説結婚就靠先生。

剛結婚很不好過，一九八〇年，我開始送鮮奶後，家庭生活才有所改善，不然先生一個人賺錢要養七個人，我們加三個孩子就五個人，還有小姑、婆婆。

婆婆年輕時沒做好月子，導致氣喘，常常上氣接不到

下氣，寸步難行，早期醫療沒有像現在那麼好，醫藥費昂貴，每次都是一針打下去，她才慢慢地舒緩過來。先生月薪兩千多塊，可以這樣講，我們家因病而窮。

送鮮奶是先生牽的線，土地銀行經營初鹿牧場，有些牛奶銷不掉，先生的同事很多人都有訂牛奶，加上冰果室通常要二十罐、三十罐或五十罐牛奶，我一個人送的量就贏過五個人。

我騎腳踏車一家一家送，剛開始一罐才賺五角；冬天改送熱牛奶到中油、臺東車站等地，自己也到處推銷，一罐賺一塊。

後來，送牛奶的量愈來愈多，我每天差不多凌晨四點多出門，就養成三點多起床的習慣，我不會算帳，只會記下今天送了幾罐，現金還是交給先生處理，等到每個月十號算錢，一個月最多可賺七、八千塊。

余輝雄：

利潤最多時，一瓶賣五十五塊，送牛奶賺十塊。

宋美智：

土地銀行的同事說：「你太太賺的錢比你還多！」公司行號訂的大瓶牛奶一公斤，一個星期送兩次，星期二和星期六，一個月最多時送過五百五十瓶，大概可賺四、五千塊，一般家庭訂的小瓶牛奶，一天內送完，收入大概兩千多塊。很多人上班或做生意，買麵包回來當早餐，隔天就不用打理。

我送牛奶，前後差不多二十年，不曾在外面吃一碗麵或點心，因為怕牛奶退冰，要趕快送完。送牛奶時間長，這一輩子，最怕的就是下雨，冬天還沒那麼辛苦，夏天穿雨衣流汗，悶不通風，都溼透了。

初鹿牧場的貨車通常在上午十點、十一點多或下午一點多把整批牛奶送到，如果車子晚點來，先生、兒子下班，就要請他們幫忙送。後來我買了一輛摩托車，自己送都沒有問題，不用先生、兒子幫忙。

以前想過，難道我跟先生一輩子都這麼窮嗎？這輩子就是這樣子而已嗎？想不到送牛奶就改善家庭經濟了。

九百多戶會員的信任

余輝雄：

一般公務員月薪一千多塊，銀行職員兩千多塊，另外，我每天還要到中油收錢，中油有很多加油站的錢存入土地銀行，一趟好像有六十塊、八十塊的津貼，那也是一項收入，加一加算起來，我的月薪比一般公家機關的科長還多，這樣家裏開銷差不多足夠了！後來太太送鮮奶，生活才慢慢改善。

宋美智：

我們買房子還貸款，賺的錢不到十天就用完了，沒有認真工作的話，沒辦法支持一個家庭。曾經我也幫人家

帶過小孩，後來忙著送鮮奶，夫妻雖然睡在一起，常常好幾天沒有看到先生，因為早上送完牛奶回來，先生去上班了，晚上我又去收訂牛奶的錢，順便收善款；不管是土地銀行或是慈濟善款，都是每個月十號交，所以這十天裏要收好錢。

我會很認真地介紹慈濟，好像人家講的發瘋似地工作，忙到忘記時間，晚上回到家，先生已經在睡覺了，常常好幾天沒有說到話。那時做慈濟，只要遇到人願意聽，就努力介紹，常常也忘記要回家了。

走入慈濟後，每個月都會包遊覽車回去花蓮參加聯誼會。有一次，聽到臺北一位師姊分享，她要幫忙帶孫

二〇一六年七月尼伯特風災後，臺東資深委員宋美智師姊（持號碼牌者）帶領志工前往災區進行安心家訪。（攝影／蕭寂興）

子，沒有辦法工作，就打零工掃忠烈祠附近的吊橋，存了三十萬捐一間病房，她說颱風天樹葉多，要更早去掃，趕在兒子、媳婦上班前回家帶孫子。

第二次再回精舍的時候，有一位師姊分享，她家開修車工廠，工廠後面有一間診所，她在那裏幫忙煮飯，存錢捐榮董；花蓮慈濟醫院第一期工程時，那位師姊跟診所的醫師娘預支薪水，醫師娘問借錢做什麼？結果，那位醫師一家有七個人捐榮董，這些故事讓我很感動。

余輝雄：

隔了差不多兩年，我們就捐了一百萬，我們是三朵花的啦！

宋美智：

沒有啦！經過很多年，我們才圓滿委員證上的三朵蓮花，第一個代表慈濟委員，第二是榮董，第三是懿德媽媽。自從送鮮奶後，就沒有跟他拿錢了，花蓮慈濟醫院蓋第二期工程時，捐榮董差了十六萬，我還跟先生借了一筆生活費，後來婆婆往生、小姑結婚、小孩長大外出工作，剩下我們夫妻吃飯，就更省了。

牛奶送得多，錢也存得快，我就想讓上人授證，發願當榮董；我還發了一個願，今生要感恩先生，不是嘴巴說說，要用行動幫他圓滿榮董。

余輝雄：

我們家有三個榮董，小孫子小時候很皮、很好動，我

們也幫他捐榮董。

宋美智：

　兒子四十幾歲才結婚，我不能先把錢捐出去，假如有人的女兒嫁過來，我們才有錢娶媳婦，這就是先生的榮董差我很多年的原因。

余輝雄：

　募會員要厚臉皮一點，譬如繳五百塊、一千塊的善款，人家如果說不要，就改口說：「要不然繳一半好不好？好啦！就繳五百塊。」我的方法沒有什麼變，以前收不到善款，跑到屏東恆春，祖厝在那裏，掃墓也去跟一些親戚聊天說慈濟，那邊會員最多也有二十多戶，都是利用清明節的時候收錢。在機關裏面比較熟的人，直接就拿本子來寫一寫，就多一個會員了，印象中，差不多募了有九百多戶會員。

宋美智：

　像我們家以前有八個人，就是算一戶。

余輝雄：

　有一次上人行腳到臺東，我們就報告有九百多戶，後來上人又問我剩下幾戶，那時候減少很多……

宋美智：

　一九九一年，慈濟到中國大陸賑災的時候，會員少很多。不過，我們募會員有些技巧，譬如問對方：「你有在繳善款嗎？」他說：「有啊！我繳很久了。」如果比

我還早，我就祝福對方：「你比我有福氣，那麼早就繳善款，我還慢你好幾年。」然後接著說：「這樣很好，你現在一個月繳多少人的份？」對方有三個兒子，繳三人份的善款，我就會說：「這樣好不好？你兒子的繼續繳，你們夫妻繳在我這邊。」

　他說：「這樣喔！」我說：「這樣好了，慈濟救濟窮人、寡婦或單親家庭一百，另外一百捐國際賑災，人在臺灣，緣結到國外，你如果看到大愛新聞報導慈濟救助哪一個國家，那也有你的份。」我和先生也會比賽，看誰募的會員多。

二〇一六年初，余輝雄（中）等人在社區歲末祝福會中手捧心燈，虔誠祈福。（攝影／黎恆義）

余輝雄：

　我曾經一次收七張病床的捐款，臺東土地銀行有一個襄理捐七張病床，一張病床五千塊，總共三萬五，我想說這個月一定募的比太太還多。

宋美智：

　那一次他說每次募款都輸我，一路來就是我贏，我說也要讓他贏一次。

余輝雄：

　結果她有一個會員叫林淑美，姊姊在美國，寄了一萬塊美金給媽媽，就拿來捐了。

宋美智：

　她那一萬塊美金本來要給媽媽當生活費，媽媽拿來繳善款，就三十幾萬臺幣了。

余輝雄：

　我三萬多塊比不過她募的三十幾萬，那一個月算起來，我們匯到本會的會員捐款將近九十幾萬。有一位志工林鳳朝老師，現在住在臺北，那時剛好看到我寫捐款額，她說她收十年、二十年，還收不到這個數字。

　收善款也是要前世有結好緣，前世有結好緣，這一世介紹慈濟，才能夠說得動。那天有一位李師兄說：「累世有布施，這一世才會遇到貴人。」他講得很有道理，又譬喻給我聽，說他以前開四間加油站，三個人共有，另外兩個股東都不會去查加油站的財務，有多少盈餘就

拿多少錢。

宋美智：

　李師兄不認識那兩個招募的股東，開加油站一直賺錢，賣什麼賺什麼，有人做生意做什麼都賠，就是沒有貴人來相助。

余輝雄：

　人家都信任我們，收善款說實在也是要有緣。

宋美智：

　後來我們想，如果和人互動沒有信任基礎，把捐款用在刀口上，誰敢交善款給你？

為訪視發願買一輛車

宋美智：

　早期志工都是跟王校長（王添丁）去訪視，一組四、五個人，那時候都還很外行，還不知道怎麼做，跟著王校長訪視，就是在旁邊看他怎麼樣慰問，我們只是菜鳥，在案家也不敢開口問。王校長關心照顧戶的生活狀況，我們心裏就曉得這些人的困難點在哪裏，回到車上，我們再問王校長，這個人生活辛苦，要給多少錢？

余輝雄：

　剛開始看個案，志工都騎摩托車。

宋美智：

以前不像現在那麼多人都會開車。有一天，我們到太麻里鄉三和村訪視，那個個案沒有讀過書，做長工維生，老了看不到了，老闆娘借出放工具的工寮讓他住，沒水沒電，提報給慈濟救濟。我不記得那時候補助多少錢和物資，都是老闆娘代領，老闆娘把這些吃的東西拿到山上給他，走路要二十多分鐘。

　　有一次和王校長到山上看個案，看到印章是新的，為了解個案的生活狀況，王校長先關心他的日常飲食：「有沒有人幫忙買飯菜？」個案說：「米有，錢沒有。我們老闆娘說，現在慈濟比較沒有人繳錢，所以沒錢啦！有米。」我們菜鳥不敢問，都是王校長問的，原來老闆娘買罐頭、拿自己醃的豆腐乳給他吃，這樣有三個月了，那時候我們好像補助三千塊還是……

余輝雄：

　　差不多一千多塊。

宋美智：

　　慈濟補助低收入戶一個月一千二，就這樣被老闆娘拿走了，但我們也不能說什麼，老闆娘如果不拿水、不拿東西去給他吃，我們也沒有辦法。因為這件事，先生發了一個願：要為訪視個案買一部車。

　　後來，我們真的買了一輛車，早期只有歐順興老師有車，他還要常常回臺北，跑來跑去，不可能每個月載志工訪視。買一輛車看個案，親自送關懷金，當場請照顧

戶蓋章，這是對的事情，我也不敢講話，就讓他買了。
兒子還問我：「媽，爸要買車，怎麼會過你這關？」

我們開的這輛車，志工取名叫「菩薩車」，每個星期六下午或星期天，如果大家時間可以訪視，就會相約去看照顧戶。我們那一輛花了二、三十萬買的，它的後車廂比較長，如果要載物資就很方便。

余輝雄：

還有陳勝豐，他的工作是開計程車，也加入載大家去訪視的行列。

買車時，我的月薪調到五、六萬了，年薪差不多一百多萬，公家待遇也算不錯了啦！那輛車差不多要五個月的薪水吧！可以買房子了，我們現在住的這間房子，就是我從花蓮調到臺東的時候買的，花了二十萬。

宋美智：

房子整理到好，總共花三十一萬多。

慈濟補助照顧戶的關懷金被人拿走，我心裏很捨不得，那是我們不對，以前都是三個月看一次個案，那個照顧戶的錢被汙走三個月了，我們聽到時心裏很難過，還好老闆娘有買米給他，王校長訪視很謹慎，我們的訪視精神與理念大多都是他教的，因為這次事件，我們增加了訪視的頻率。

余輝雄：

買車最主要是要看個案、圓自己的願，我們親自送關

懷金，訪視可以做得比較圓滿一點，是這樣的想法。

宋美智：

　還沒有出來做慈濟以前，我幾乎就都吃素食了。後來忙著送牛奶，訪視前一、二天，提早煮餐點，一鍋飯、一鍋湯、一鍋滷的，準備容器裝菜，一格一格分開，我都用悶燒鍋煮好帶出去，途中找個比較涼爽的地方吃飯，如果訪貧沒有帶便當，在外面吃素很困難。

　訪視都是一整天，今天如果走大武線，中午就在大武吃飯，吃完飯才繼續沿路看回來。成功、池上這邊也是整整一天，我早上要送牛奶，送完才可以去訪視，為了提早煮飯，我買了幾個悶燒鍋。以前看個案，就是那幾個志工在看而已，沒有超過十個人。

余輝雄：

　王校長、歐老師、陳勝豐、鄭怡慧，還有劉清子，沒有幾個人，整個臺東縣都要看啊！現在訪視用分區的，我們負責卑南鄉的太平村、泰安部落。

宋美智：

　訪視一定要等假日，因為大家平日上班，就是要假日才有空，歐老師有一個習慣，盡量不借車給人，所以時間也會以他為主！那時候，關山都還沒有委員啊，那裏的個案我們也要去看！假日訪視，一路從海端、關山到

鹿野，回來臺東，這是一條線；再來是從秀姑巒溪到成功、東河，再到臺東，另一條線；過來就是大武、安朔到臺東，又一條線。

余輝雄：

　還有長濱到臺東也是一條，總共四條訪視路線，通通要看，以前跟王校長看個案是全縣在看，只要有個案就接，沒有分區；現在人比較多了，分區訪視，我們負責四十多戶，後來才又分十幾戶給蔡春蘭師姊。

宋美智：

　如果有臥床的個案，志工還要去幫忙洗澡、整理房子。有時候好事真的要多磨，一九八八年底，我們幫一位租住在三合院的個案徐先生洗澡，那個三合院出租給十幾戶人家，結果幾天後他因中風而往生了。

　我就想說怎麼回事？那時候，每個月我都會回花蓮參加全省聯誼會，報告我關懷的個案，因為內心有疑問，我想要找答案。但是上人那麼忙，不敢請教上人，我就去問慈師父：「這件事情我們那樣做，不知道對不對？」慈師父說：「這樣對啊！臭成這樣，怎麼去見阿彌陀佛？滿身臭味，怎麼去見閻羅王？」我才有信心，不然心情很沮喪。真的，做訪視，也會有很沮喪的時候，但是都有團隊一起，大家相互鼓勵。一想到還有人

需要我們幫助，就會忘記沮喪了。

一九九一年，慈濟去大陸賑災、蓋房子，那時候是我們會員慢慢多起來的時候，收善款時，常常聽到人家說：「臺灣不救，救大陸，大陸人就是我們的敵人，你還救他？」在臺灣，個案有需要，我們也會幫忙蓋房子，個案的家需要維修，我們也會幫忙。在臺東，我是第一個幫個案打掃家裏、蓋房子的人，那時候也不知道可以跟花蓮本會申請經費。

我們上班也不是賺很多錢，怎麼幫助別人？我送牛奶，認識很多人，因為我是客家人，比較會做粿，就做粿賣給這條街的客戶，如果遇到端午節，我就包粽子義賣，問會員要不要買粽子？

我有張春妹、陳壽妹、李滿妹三個老菩薩幫手，常常

請來幫忙包粽子，有時候她們也會幫忙出錢，譬如一個人買香菇、另一個人買米，連本帶利捐出來；我就開一個帳戶存錢，用這筆基金幫忙個案買家

宋美智與病中的余輝雄手拿常住師父致贈的《隨師行腳：看見證嚴法師的慈悲與智慧》合影。（攝影／何予懷）

具、修理房子，義賣做了十多年。

　有一個個案林阿嬤，打電話去，都沒人接，林阿嬤都用鐵鍊鎖門就出去了，有次鑰匙鎖頭放在裏面，白天叫沒有人答，晚上叫也沒有出來，我心裏想，人會不會昏倒在裏面？所以借梯子，請來警察先生爬進屋裏，才發現阿嬤在家裏，一整天沒有吃東西，還好我們有帶一點水果跟點心，如果說個案死了沒有人知道，這就是我們失職，捨不得啦！

余輝雄：

　捨不得照顧戶生活困難，萬一發生什麼事，沒有關懷到，我們心裏也會過意不去。

宋美智：

　那個叫做責任！身為委員，訪視就是本分事，沒有感覺到辛苦，要把本分事完成、做好，聽上人開示的話，今生的劇本不知道幾世寫來的，修行也不是只有這一世，生生世世來人間，往後寫劇本不要那麼激烈，單純一點。

　今生有這個因緣真的要把握，像我們現在年紀一大把了，能夠再做多久啦？生活沒有缺欠，做得到利益社會的事情，我們付出無所求的啦！慈濟美在哪裏？就是美在團體，我也這樣想，做到最後一口氣，也很高興。

余輝雄：

　我最近身體不適，兒子不讓我做，車鑰匙、駕照都收

去了，今生有貴人，我認為生活簡單、錢夠用就好了！

宋美智：

　　其實我們真的很感恩慈濟，只要走對的方向，到哪裏都要堅持，像我們都沒有出國旅遊。

余輝雄：

　　我最遠去到金門，那算是銀行為退休人員舉辦的旅行，像郊遊一樣。

宋美智：

　　我們都不喜歡旅遊，我覺得去哪裏都差不多，不要說外國，連國內都沒有玩遍，各人興趣不一樣，我的興趣是做慈濟，有工作盡量做，不求其他。

二〇一八年底，宋美智受邀在歲末祝福中分享，上臺前王齡珠協助她順稿。（攝影／陳信安）

把握分秒不要留遺憾

宋美智：

先生年輕時在花蓮貨運開大貨車，常常抽菸，二〇一七年七月初，一直咳嗽咳不停，他覺得是遺傳到媽媽氣喘的體質，就去臺東馬偕醫院照X光，醫師發現他的肺部有三顆白點，可能是第一或第二期的肺癌，必須安排開刀，這就是要奉勸人不要抽菸，再來就是他被恙蟲咬到後，身體就開始走下坡。

我回來跟兒子講，兒子希望他再去慈濟做一次全身健康檢查。女兒聽說關山慈濟醫院有一個沈邑穎醫師很厲害，但掛號已經掛到兩、三個月後了，後來聽說其他醫院的中醫也很厲害，看診之後，醫師要先生與癌症和平共存。

那時候的反應是，人都是吃五穀的，生病是因緣，也逃不過，我只有安慰他說：「其實也不用怕，你這一輩子要做的都做了，對不對？」每個小孩都很孝順，沒有什麼好掛礙的，人本來就有生有死，現在最重要的是該做的趕快做好，不要想做的事沒有做，留下遺憾。

我們為什麼那麼愛去訪貧？做這些事情，就是真正的菩薩遊戲人間，以前我聽不懂這句話：「菩薩遊戲人間。」人生來就是像在遊戲，不要把自己裝得那麼嚴肅，放輕鬆一點，本來人活著就是幾十年，有的走得

快，有的走得慢而已。

　既然活在人間，就要做些有意義的事；上人說的，我們把今生劇本寫得單純一點，生生世世跟隨上人，沒有做怎麼累積資糧，下輩子怎麼能跟到上人，就這樣而已。我安慰他，就把握因緣，萬般帶不走，唯有業隨身，悟達國師修行十世，業還是要去消，所以遇到事情不用埋怨，要面對現實。

　生死有命，遇到了就要面對，不會說很傷心；說實在的，我沒有擔心什麼，看他能不能延長生命，再做慈濟事。我們現在都交給魏宏州師兄去訪視，鼓勵年輕人發揮能力，魏師兄在臺東縣農會的飼料廠上班，能力比我多十倍，我寫個案要慢慢地寫，有些字不會寫，還要想一下是不是這樣。

余輝雄：

　有的字好像寫錯了啦！寫錯了不好意思。

宋美智：

　真的要面對現實，人生盡頭，有一天也會輪到我，只要還能夠做、還能夠說的時候，就要做好，不要等到來不及了才後悔。所以我很感恩慈濟、感恩上人，每天早上可以去臺東靜思堂薰法香，聽上人開示，把好話好語運用在我自己身上。

　像他生病以後，兒子比較不喜歡他出門當志工，我認為該來的一定會來，不讓他去，他心裏也會很想要去。

余輝雄：

你就說我自己跟去就好了。

宋美智：

那天要去為他的會員助念，人家要求了，我也不能不去，就找師姊一起；女兒說：「媽，你去就好，但是你如果可以不要去最好，不要讓爸爸去。」我說：「我不去，這個事情怎麼圓滿？會員是你爸爸的，他是很想要去。」

余輝雄：

我是怕你找不到路。

宋美智：

路長在嘴上，還好很圓滿，我們很重視這些會員，我爸爸往生，我也希望有人來助念。所以我就跟兒子解釋：「這個不去不行，你們不要這麼在意。」兒子的思想觀念跟我們不一樣，有時候得先順著兒子，後面事情才會順。

余輝雄：

很久沒有出去做志工了，那時候手腳比較無力，最近身體比較好了，我認為還可以啦！

宋美智：

所以我對他說：「你吃得下盡量吃，身體顧好，才不會讓兒子有負擔，這樣就好了。」每個人最後一定都要走這一條路。

但是，我覺得自己很有福，有幸福美滿的家庭、孝順的子女，還有幫助別人的機會，讓我的生命更加有意義；所以，就算是每個人都要走一樣的路，我覺得在生命最後的時刻，自己也不會有遺憾。

○ 訪問：陳芝安、謝欣志
○ 記錄：江淑怡、陳芝安、林厚成、陳若儀、高芳英、何予懷
○ 時間：二〇一七年七月五日、二〇一八年八月十三日、二〇一九年一月五日
○ 地點：臺東市新社一街余宅

如意算盤

傳心法

只要讓人有機會發揮愛心，緣分到了，任憑誰都會做志工做得很開心。———鄭怡慧

主述者簡介——鄭怡慧

一九四七年生，婚後隨先生移居臺
東，一九八八年受證，委員號一〇
七七，法號慈愈。初入慈濟，就隨
王添丁校長四處訪貧，扎實地將訪
視過程記錄下來，作為傳承給後進
者做慈善工作的典範資料。

老家在今天花蓮市中山路郵局對面的巷子底，就是中山路和建國路交叉形成的三角窗，巷子裏有個地方，以前叫「水上」，現在叫延平街，從我家到現在的花蓮高商那一帶，以前都是草地，一大片土地通通沒有住戶，商校街以前是一條小路，還有一條大水溝，有人養雞、養鴨，那裏叫做鴨母寮，再過去就沒有人住了。

　　中山路郵局附近以前是座監獄，後面有個刑場，警察固定在一棵大榕樹下行刑。

　　我們都走中山路這邊，走到巷子底回家，我讀明禮國小，每次上學經過刑場都用衝的。

　　國小畢業後，我先後考上花蓮女中初中、高中，一九六五年高中畢業後，有段時間，到臺北工作，在景美一家美商電子公司上班。

　　爸爸、媽媽做的生意，臺灣話叫做「換番」，意思就是拿平地人的東西到山上跟原住民換東西買賣。爸爸做原住民服飾、配件的手工，用刀裁、用火燒；媽媽也很會做手工，原住民傳統服飾的花模子，縫上鐵片、鋁片做花樣。我有遺傳到爸爸、媽媽做衣服的手藝。

　　爸爸四十九歲時因咽喉癌過世，家裏就由大我三歲的

大哥負擔家計，因為成了單親家庭，哥哥到了當兵的年齡，都還沒有被徵調。

高中畢業後，有一天市公所來做家庭調查，發現我在臺北賺錢，就這樣大哥的兵單馬上就到了。大哥一當兵，我就回來花蓮了，那是一九六七年初，我在臺北工作快兩年的時間。

我在國小當代課老師，師資檢定合格，就可以做正式老師，沒有想到人生該來的就來──隔壁鄰居幾個小女孩平時都叫我姊姊，經小輩牽線，其中一個妹妹介紹叔叔陳勝豐給我認識。

當時陳勝豐在臺北一家藥廠工作，很湊巧地，他的爸爸有七個兄弟，都在一個公廳（客家人的家族祠堂），家族裏如果有人過世，三年內公廳不能有婚嫁。剛好碰上陳勝豐家族中的大房長媳往生，如果想要迎娶我進門，就要在出殯那天結婚。

一九六八年結婚當天，陳家也同時辦喪事。因為

一九六八年，鄭怡慧與陳勝豐結婚照。（照片／鄭怡慧提供）

與王丁添校長訪視後，鄭怡慧自己手繪的個案路線圖。
（照片／鄭怡慧提供）

我娘家巷子很小，汽車不能進去，陳勝豐只好坐三輪車把我載出來，以前人嫁娶，還有坐牛車的呢！我坐三輪車到小巷子外面，再上汽車，到花蓮市繞一圈，再繞回家裏送葬。

我穿著新娘服送葬，大喜之日掃除煞氣，走中山路，走到花蓮商校街那邊就沒有路了，再走回家。第二天一早回到娘家，我就跟陳勝豐上了金馬號公車，經過蘇花公路，出發去環島，到阿里山、日月潭旅遊。

結婚後才知道，一九六七年陳勝豐的大哥在臺東山上保育山林，正好看到一間便宜的法拍屋，便買了下來。大哥夫婦到臺東看環境，附近一片荒涼，每天公車、火車車班各一班而已，下午三、四點，一個人影也沒有，心想這樣怎麼生活？

陳勝豐的大嫂不想搬家，陳勝豐就問我要不要去臺東？陳勝豐先去臺東看看，房子在平等街，前面是鐵皮屋，面寬可做生意，後面是水泥造的三層樓，還算不

錯，婚後我們就決定搬到臺東。

到了臺東，陳勝豐跑計程車，我經營一家五金行。我很會做生意，只要客人上門，不虧本的話，東西一定賣成；有的客人一直殺價，我也是有賺就好，本來賺十塊錢，變成賺個兩塊錢也好。

但有時候被殺價到不敷成本，我忍可無忍，也會刻意不賣客人，假裝要進去喝茶。

算盤愈打愈如意

我家是三層樓的房子，後面十坪而已，開五金行，人睡樓上，裏面還有廚房，前面靠大馬路的店面租給母雞[1]龔梅花的媳婦做生意。

我家巷口轉角左邊有個菜市場（現臺東市中央市場），龔梅花在那裏開電繡學號、賣鈕扣、車布邊和補衣服。

年輕時，我很喜歡捏東西、做手工藝，常常剪好布料，請左右鄰居幫忙顧店，就去菜市場找龔梅花車布邊。

有一次，看到龔梅花在桌子上打算盤，用一指神功打一百、兩百、三百，怎麼加了三次、五次，總數都不一樣！我在旁邊看龔梅花打算盤，等了很久：「老闆娘，你在算什麼錢？」龔梅花說：「我在算功德款啦！」我問是不是捐給花蓮慈濟功德會的善款？

龔梅花很訝異我知道慈濟功德會，我說我是花蓮人，也有在繳善款，早期靜思精舍生活困苦，農場²（需要註解）師父都拆水泥袋，剪成一小塊做袋子，賣給雜貨店裝鐵釘或雞蛋，我媽媽也有去靜思精舍幫師父做事，而且上人從臺東來到花蓮後，還沒出家前，在普明寺認識的許聰敏居士，是我大姑媽家的親戚。

　　早年，上人身邊的三、四位老菩薩，其中莊氏老菩薩的兒子是「一誠貨運」的老闆，也是我二姑丈。許聰敏、莊氏老菩薩都會帶我媽媽、妹妹進精舍幫忙大掃除，雖然慈濟緣深，但我因為還在花蓮女中讀書，一次都沒去過精舍。

　　龔梅花一聽就說：「以前靜思精舍那一帶叫做農場，只有早期的志工才會知道農場師父。」我問龔梅花：「你每月都這樣收、這樣算哦？這樣算太慢了，你趕快幫我車布邊，我來算錢。」

　　我拿起算盤，很快打過一輪，總共四千五百元，又打一回，數字一樣，很快就算好了。高中畢業後，我在貨運公司上班，常常要算錢，下班後又到花蓮高商讀夜間部學珠算，兩指打一打，加過來、減回去，歸零就正確了。我跟龔梅花說：「每個月我來打算盤，你就不用算得那麼辛苦了。」正好，我也能發揮珠算的專長幫上忙，算盤打著打著也就進到慈濟來了。

　　第二個月，我也捐了一筆善款，龔梅花對我說：「你

也可以幫忙收！」我答應龔梅花幫忙收善款，那是一九八三年的事。

我記得那時候還發生一件事，慈濟志工陳秀鳳大我十來歲，是鄰居也是大姊的朋友，小時候就認識了。我搬到臺東後，有一天去洗頭髮，看到薄薄幾張的《慈濟道侶》，上面列出每一筆善款徵信，還有報導一些慈濟委員濟貧的故事；有篇報導寫到陳秀鳳家火災，燒死一個孫女還是女兒，我看到後嚇一跳，回來花蓮問人，心想做好事的人家裏，怎麼會有人被火燒死？心底留下一個問號。

現在學佛了，我知道因緣果報不是這麼簡單，都是每個人累生累世的善惡業報。還有上人常對弟子說「一善破千災」，行大善消大災，也不是隨便地上撿一支玻璃瓶就有功德的。

後來龔梅花家也遭遇火災，她把東西、貨品往我家堆放，叫我乾脆不要做生意，去做慈濟。每天早上，我都在社區跳土風舞運動，就從一起跳土風舞的朋友開始收善款，到了第三個月，龔梅花拿了一本黃色的本子（幕後勸募本）給我：「你一次收那麼多善款，我記不來，自己記。」從此以後，每個月我收好錢，就一起把本子交給龔梅花。

大概是從進慈濟開始，我就練習做中國結，一條、一條做起來，一圈、一圈編織，慢慢地修身養性，脾氣都

沒了，還能做很多不同的中國結，樣式愈多，義賣募款愈多；義賣大部分都是因為大型災難，上街募款募不了多少，義賣的錢才會多。

當時，只要有慈濟志工舉辦義賣，臺東志工就帶著我做的中國結，還有靜思語石頭，前往參加。我們去長濱海邊撿石頭，撿回來洗一洗，請林鳳朝師姊以書法在石頭上寫靜思語，陳勝豐還買了一部磨石機磨底，好讓石頭穩穩地立起來。義賣靜思語石頭或中國結，有的一個五十塊，有的賣到五百塊以上，每次都可以賣個七、八萬到十來萬元。

我們認真地義賣，連本帶利捐出，根本不拿成本，我有很多小雞，每次義賣前就各自捐三百、五百、一千、兩千元，我就上臺北買材料回來。平常看個案、做慈濟，然後就是做中國結，很便宜地賣掉。

義賣所得共一千萬，其中大概有五百萬都是志工捐的錢，上人也曾經說過：「很捨不得你們為我剝兩層皮！」意思就是慈濟志工不只出錢，還要出力、花精神。差不多到二〇〇〇年左右，臺東志工就比較少舉辦義賣了。

我做中國結的「彩蝶」，看起來就像慈濟功德會會徽，一條賣一千塊，人家還不嫌貴；我告訴買的人，人就像一條毛毛蟲，脫殼後變成一隻小蝴蝶，經過「四神湯」的洗滌，懂得知足、感恩、善解、包容，慢慢就變

成蝴蝶中的彩蝶。

　　慈師父在一旁聽到了，誇獎我還真行，很會解釋！後來常住師父說，一般人喜歡大紅色的中國結，其實也可以做幾串灰色的，看起來相當高雅。以前還做過一組的「草蜢仔弄雞公」，就是用中國結做蚱蜢、公雞，有的中國結中間綁觀世音菩薩，有的做成蓮花，四朵蓮花代表知足、感恩、善解、包容或慈、悲、喜、捨，再放上一句靜思語，很多人喜歡我做的中國結，那是下了好多年的功夫呢！

　　以前精舍過年，我都會做一堆中國結義賣，大家很有默契地把錢放進竹筒裏，現場提供材料進行手做教學，一個成本二十塊，免費跟大家結緣，有的人想要自己做，結果沒半天時間就要走了，乾脆買五條，一百塊就拿出來了。

　　有次過年，我回花蓮娘家，在精舍四天，義賣中國結，賣了十六萬。還有，像家扶中心、門諾醫院，有時候也會邀請慈濟志工參加義賣，我們也會把所得捐給這些慈善團體。

牛脾氣遇上妙招妻

　　王添丁校長、黃玉女老師是臺東的第一代慈濟志工，我的母雞龔梅花是他的小雞，而我跟宋美智、楊夏梅都

是龔梅花的小雞。

一九八三年加入慈濟後，我做了五年的小雞，一九八八年受證。當我在慈濟快樂地做志工，回到家看到先生陳勝豐的臭臉，我也是不管，邊煮飯邊講做志工的事情。

龔梅花的媳婦聽到後問我：「師姑，您一直說，師伯有在聽嗎？」陳勝豐靜靜地坐在那裏，有時候不耐煩：「好，好，好！說到這裏就好了。」那表示他有在聽，所以我進門還是一直講做志工的心得。一九八九年，我就用計把他帶進慈濟了。

在慈濟做志工，回到家除了看先生的臉色，我還要趕快洗米、煮飯，輕聲細語地叫他吃飯呢！有時候訪視結束，很晚才回到臺東聯絡處，香積師姊已經煮了一大鍋麵，七、八個志工吃得好高興，我用個碗或提鍋盛麵帶回家，陳勝豐不吃就是不吃，讓人很生氣，後來我就不帶了，另外煮麻油麵線給他吃。

陳勝豐在外面跑計程車，我參加訪視，清晨出門，一整天不在家，回來晚了，雖然菜市場就在旁邊，但沒有買菜，煮飯也太慢，煮麵線拌麻油或醬油，他就吃得高興了。

陳勝豐如果心裏不高興，我晚一點回來，兩個人就會吵架。我家五金店賣掃把、畚斗、碗筷、鐵器或農具，陳勝豐常常拿起掃把，一把就往馬路對面丟，鄰居就知

道我們吵架了。

　吵架時遇到客人上門買臉盆，我也是擦一擦眼淚，問客人要買大的還是小的？白鐵的還是鋁的？因為慈濟路走得很好，多年來我很包容陳勝豐，陳勝豐嚴管三個兒子，訂下家規，規定不管是誰，晚上十點鐘前到家，不然就關在門外。

　有一次我參加訪視會議，一看時間，來不及報告了，太晚回家，我真的會被先生關在外面。王校長一板一眼的，只說一句：「怡慧你坐好，不要一直動，等一下換你報告。」我說：「校長，我快要被人家關在外面了，怎麼辦？」王校長說：「那不要緊，我再去跟陳師兄

慈濟大學為慈誠懿德會的教育志工開設電腦速成班，講師張嘉澍指導學員鄭怡慧（右二坐者）。（攝影／葉素貞）

如意算盤　鄭怡慧　153

說。」我回答：「那個人鐵面無私，不可說的啦！」後
來趁王校長轉身畫家系圖，我就溜回家了。

　　從信義街巷口轉過來，數過來第三家就是我家，陳勝
豐站在門口，拉下鐵門剩一半，看到我就馬上拉下來，
小兒子在後面說：「爸爸，媽媽還沒有回來，你怎麼可
以拉門下來？」

　　小兒子哭了，陳勝豐理也不理，就往樓上去了，鄰居
走過來安慰我：「陳太太，沒關係啦！來我們家睡一
晚，彈簧床比木板床好睡！」我說：「等一下小兒子會
來開門。」過一會兒我叫門：「阿仁，開門。媽媽回來

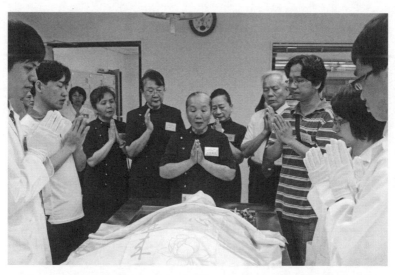

二〇一二年九月大體老師啟用典禮，鄭怡慧（中）等家屬與師生全
體雙手合十，為大體老師陳勝豐祝福。（攝影／許榮輝）

了。」一進門，我就和陳勝豐吵架。

　　但是我愛面子，吵架也不要讓鄰居知道，只是房間窗戶斜斜相對，聲音難免會傳到外面，鄰居早上碰面，偶爾也會關心：「陳太太，昨夜吵架？」我只能委婉一點回話：「沒有吵架，我才不要理他呢！」鄰居追問：「我怎麼聽你在大小聲。」我只好隨口回應：「在罵兒子啦！」最後是我放低身段，想盡辦法要讓陳勝豐了解慈濟。

　　那時候做志工，回家我就講給陳勝豐聽，但最主要是臺東那些老委員，每次看個案都要租車。一九八九年間，我跟這些老委員說：「拜託你們租陳勝豐的計程車，就跟他說明天訪視租不到車，要來租你的車，好嗎？他要是說好，你們就來坐。他如果說沒空要賺錢，你就說沒關係，我們租車，多少錢都照算。」

　　兩、三個志工到我家拜託陳勝豐，那個牛脾氣好拗，居然說「好！」大家約好在我家集合搭車，陳勝豐載志工訪視，傍晚也一個、一個送到家，沒收車錢，只說一句：「下次坐車再叫我。」

　　陳勝豐回到家裏，我也沒多問，拿了銅板到外面打公用電話：「他有拿錢嗎？」志工說：「他沒拿錢呢！明天要拿『油票』給他。」我很納悶，陳勝豐也沒在寫信，拿「郵票」做什麼？第二天志工買了一本油票過來，我說：「買油票沒關係，什麼人想用都可以用，陳

勝豐要是說不用，就不要推來推去，萬一他說以後你們都不要坐車了，那就真的不妙了。」

陳勝豐是很嚴肅的人，我做幕後的時候，雖然也沒講話，但他連理都不理，等到掉進我挖的洞的時候，愛心發揮了，跟上人的緣也時間到了，做志工做得比我還要高興。

結果後來臺東志工訪視，一天到晚都是陳勝豐開車接送。有一次到山上，時間太晚，我很想回家，陳勝豐還會念我：「你說那什麼話，師父有叫你們這樣嗎？大家拿著案本到這麼遠的地方，只差幾分鐘車程，還不去看案家。」

同車志工叫我靜靜的，就怕等一下我和陳勝豐大小聲吵架。

有一段時間，陳勝豐常常出去訪視，有時候看到案家生活困苦，志工只補助三千元，回來家中就要我向志工說：「以後補助個案，沒有添到五千塊，不要載了。」

其實在接送志工訪視個案的過程中，陳勝豐也開啟了慈悲心，到後來他去做志工，如果我在家顧店，也都會很開心地準備好一桌熱騰騰的飯菜，等他回家吃飯。

問仔細，想明白

以前臺東志工訪視路線共有四條，第一條是山線，就

是關山到池上這一段，第二條是海岸線，沿臺十一線到長虹橋，還有一條從臺東到尚武、壽卡，這樣就三條路線了，最後一條是飛機從海上飛過去的蘭嶼和綠島。

我們也從主線橫向延伸支線訪視，就可以知道，臺東貧病個案的分布區域相當地廣，所以，每個月發放，志工分別在臺東、成功、關山等三處進行，每三個月還有一次大複查，志工一早出去，常常很晚才回來，來來回回三、四天，訪視個案才能結束行程。

而每半年，全省訪視幹事都會在臺北、臺中、臺南、高雄或花蓮會合，參加兩天的全省慈濟委員聯誼會，中午吃過飯休息一下，一點開始開會討論個案，將近三個鐘頭，大家交流與分享經驗。

看個案或參加全省慈濟委員聯誼會，我們偶爾也會順道去走走，像到臺南，順路去白河看火水同源、賞蓮。大家談起來，都好羨慕臺東志工上山下海訪視，其實臺東就那麼四、五十個委員而已，四、五百件個案，量也是很大，但幾個老委員都很會在付出中行樂，只要出門看個案，途中就會找海邊、涼亭或大樹下野餐，只要有廁所、有自來水的景點，都很方便。

臺東的個案中，有很多年輕人外出賺錢，把孩子留給爸爸、媽媽或阿公、阿嬤扶養，這些年輕人沒有專長，賺不到那麼多錢。

也有人在工地不小心摔斷腳，生活困苦，身體不好，

行動不便，申請低收入戶或殘障手冊，都要跑很遠到鄉公所寫申請表，到醫院體檢又是一筆錢，所以很多人就會拜託村里幹事幫忙。

村里長向慈濟提報，留下電話、地址，我們就會請案家影印一份戶口名簿，郵寄過來臺東聯絡處，值班志工拿給訪視志工，我們就去看個案了。

進慈濟後，在訪視這一塊，我從王添丁校長身上學到很多。

王添丁校長在日本時代求學，只有小學畢業，他曾說不怕人家知道，能夠做到校長，靠的就是自己的努力。

二〇一三年春節期間，鄭怡慧回靜思精舍過年，在靜思小築編織中國結義賣。（攝影／葉素貞）

我們都直接稱呼「校長」、「校長」，王添丁校長也很親切，不介意別人怎麼叫，或覺得應該怎麼稱呼對他才比較尊重。校長講話輕聲細語，很像爸爸跟孩子說話，我們幾乎就像父女一樣地相處。

校長是老師、教育者，盡心盡力帶大家訪視，教到你了解，常常關心大家聽得懂嗎？校長也說過：「如果去人家家裏訪視，千萬不要趕時間。」後來我們也有默契，不用說的，打手勢暗示「回家」。

校長是覺得，訪視就要問個清楚，他看個案有個重要觀念：「問案要細心，開案要小心。」意思是不能隨便開案，看個案必須謹慎、正確，如果不資助個案了，一定要深深考慮，兩、三個月後結案，也要正確地寫清楚結案的原因或理由。

我們去看個案，一到案家，校長就先進去，我跟在後面，然後又一個師姊，剩下的人，像美智師姊去問鄰居，訪視結束總合的時候，就知道個案或鄰居說的是不是實話。

早期沒有制服，我們都穿便服看個案，左右鄰居如果問起來，我們會說和案家本來就是認識的朋友，剛好人在附近，過來看看他的近況，我們也不敢表達身分；後來規定穿制服，不用說了，一看就知道是慈濟志工。

大家很有默契，各自走走東家、西家聊一聊，回來後匯總資訊，事後也要確認、評估政府的補助金額。

校長問話柔和，關心個案很有技巧，都會深入案家的生活實況，例如政府社會福利補助的錢不少，像第一款低收入戶的老人，一個月由政府補助的生活費就有一千五百塊，也算不少，想當初我高中畢業在上班時，月薪才一千兩百塊。

　　志工要知道個案申請了哪些社會資源，有些窮人養家照顧孩子，也要一筆可觀的生活費，像有時候我們明知個案達到政府補助的標準，怎麼沒有申請低收入戶，就跟對方說：「你不去申請，自己都不幫自己，還要別人幫你。」

　　遇到類似的情形，校長則說：「你要去跟政府申請，那是你的權利。」後來我學會這招，直接就問：「你們領多少政府補助？」有的不說，有的回答領不多，也有人說領兩千，回去一查，這個個案依法可領四千元，下次再去，就用激將法：「你看不依法申請，政府省了兩千元。」個案有沒有低收入戶資格，臺東志工都找得到，有位邱碧燦師兄在縣政府社會局上班，也會列一些個案名單給我們。

　　有一次，我們收到一個住在山上的個案。那家媽媽沒有工作能力，還請女兒暫停工作，照顧在花蓮慈濟醫院住院的兒子，案家隔壁有一大塊地，好像要蓋房子，校長一問，這位媽媽說：「有啦！我想要蓋房子。」校長又問：「那你們是低收還是中低？」那位媽媽說不清

楚，我請她拿郵局存款簿借看，她找到後拿給我，我拿給校長，校長看了一會兒，「來，算算看。」我想說怎麼了？「個、十、百、千、萬、十萬、百萬……」居然有兩百多萬！「真的假的？」校長說：「幾個零？你自己再算算看。」

這位媽媽再算一算，另外也有一位師姊算算看，我們問她說：「存款有兩百多萬，怎麼不拿出來用？」這位媽媽說：「那個不能動，要蓋房子用的。」我們能夠怎麼樣？

因為這位媽媽的兒子重傷住院，唯一有賺錢的女兒暫時回來照顧弟弟，所以我們還是有發急難慰問金，有志工就問說：「這樣還要給她？」我說：「你沒聽到說那兩百萬要留著蓋房子用的。」

這一家家境普通，沒有房子，只好租屋生活。所以，訪視一定要了解個案的經濟狀況。

我們在臺東訪視，也有遇過個案酗酒，喝到健康出問題，靜豪師姊常常說：「酒瓶那麼多，不要濟助他了，我們給錢，他都拿去喝酒。」

我們回到精舍，曾問上人，上人說：「我們給他錢買米吃飯，他如果要喝酒，我們也沒有辦法，他沒有喝酒的時候，就會拿這筆錢買米，這樣我們也是有幫助到他了。」也是不能隨便斷了補助。

校長的話認真聽

訪視時記錄、拍照，我習慣寫訪視時間、個案電話與地點，還有家庭背景，後來才用影印的，例如當時留下的筆記本上寫著，「臺東鎮四維路楊先生獨居，一九二四年生，低收二款，每個月補助三千元，慈濟補助醫藥費兩千元、白米半斗。」

如果不知道怎麼寫個案資料，我馬上騎單車，轉個彎就到校長家了，那是有問必答。

校長要求志工們寫訪視記錄，都要用一顆尊重的心。

二〇一三年，鄭怡慧於臺東訪視教育訓練課程中分享長年做志工的體悟。（攝影／邱淑麗）

有一次下大雨，我把案本拿在手上，他說案本不能淋到雨，該怎麼辦？我只好藏在外套裏面，人可以淋雨，案本不能淋雨，以前都是用沾水筆寫案本，碰到水就會褪色了。

一九九一年，王添丁校長把個案交給我，共有四百多件，快到五百件，都有案本，校長不讓人抄，這像是他的財產一樣，我只好說：「校長，有一件個案不清楚怎麼寫。」

我要了解這個個案，一定要抄起來，也不敢一次借太多，五件、五件慢慢借，晚上再努力寫，明天、後天再借幾件案本，四百多件全部抄起來。

校長交接給我的時候，就要我熟悉政府的社會資源，一定要知道一款的補助金額，二款、三款有多少，也要清楚補助流程，這樣的話，問案時，就不用問對方一個月領多少，只要問第幾款，馬上就知道他領多少了。

以前每個月發放前，臺東志工先列清單，確定補助項目，向花蓮本會請款，本會確認清單、編好號碼，寄來臺東，志工算好白米總數，在臺東找米店秤好、包好，再發給個案，如果老人帶不回去的話，我們也會幫忙送到家。

發放當天早上，志工請個案照號領錢領米，領了蓋章，再把清單寄回本會，如果沒人來領，當天下午或隔天早上，就挨家挨戶送到家裏，順便訪視，了解個案不

能來領的原因。

　　現在志工訪視，一樣要先記住政府的社會福利項目，有時候就當作案家有接受補助了，直接詢問每個月的補助金額，看看是中低收還是低收，一款、二款還是三款，那個數目字都不一樣，志工大概算一算，和個案慢慢討論，加上慈濟的補助，一個月可能可以領到一萬兩千元。

　　一款低收入戶就是一級，重病或殘障人士無法賺錢，醫藥費、診療費花費較多，二款、三款以此類推二級、三級，夫妻可以賺錢，但要養小孩，只有補助學雜費，一款算人數，那如果是二款、三款的話，改以戶計，一戶七、八個人也是一個月才補助五千塊，平均一個人還不到一千塊，真的可憐！

　　投入訪視三十多年，回到花蓮，有空就到秀林鄉等地訪視，我發現這幾年有個趨勢，就是照顧戶愈來愈年輕化，我們碰到這種情形的時候，要先確定個案拿到的政府補助金、工作薪資，還有家庭成員的工作能力、工作時段。

　　如果年輕個案真的不能過生活，我們還是會幫忙申請各項補助，但如果個案好手好腳，不找工作，我們也會好言好語勸告，不然就要快刀斬亂麻，果斷地請基金會社工停掉補助。

當機立斷，關懷不斷

有一個個案住關山，年輕時在遠洋漁船上工作，出海賺很多錢，吃喝玩樂花錢不手軟，卻都不寄錢回家，也不管老家的父母老了、病了，等到哪天中風，這個高壯的男人兩隻腳腫得又黑又爛，身邊的女人離開他，船公司找到關山老家，把人送了回來。父母雖然過世了，關山老家的部落還有阿姨、表姊，她們對這個男的滿好的，照三餐送菜送飯，長達兩、三年。

有次訪視，叫人都沒人應門，陳勝豐推門進去看，才發現人已經往生了，趕快跑去找住在他家後面的阿姨；他阿姨不敢相信地說，我早上才去送過飯咧！

陳勝豐問：「那他有吃嗎？有沒有叫他！」他阿姨說：「沒有，以為他還在睡，就讓他睡啊！」陳勝豐說：「可是現在他死了！」他阿姨還很懷疑：「真的嗎？」她跑過去看才相信，關山的師兄到警察局報案，我們就站在床邊念佛，警察做完筆錄，我們就走了。

大武也有一個跑船的個案，爸媽病了，鄰居太太寫信到船公司，他也不管，直到自己中風了，人才被船公司送回來。鄰居太太在大武國中餐廳工作，看他獨居可憐，都會帶一些剩菜剩飯回來。

師兄幫他洗澡洗好幾次，師姊幫忙洗衣服；有位師兄跟他說：「洗得乾乾淨淨的，說不定阿彌陀佛才會接你

過去。」過沒幾天，鄰居太太連續出差兩、三天，回來後送飯過去，結果發現他躺在床上，直挺挺地死掉了。

還有一個六十來歲的老人，有攝護腺腫大的問題，住在一間破破爛爛的房子裏，我們也想幫忙整理環境，可是老先生不大願意，而且他喜歡聞豬內臟的臭味，把一包塑膠袋的豬內臟吊在門口發臭。早上我們到老先生家，老先生好像還在睡覺，我跟范春梅師姊怕怕的，她比我有膽，也不敢進去，在門口一直叫老先生的名字，還是沒有人來開門。

後來叫我家師兄把門打開，還有關山的師兄一同進去，老先生躺著側睡，搖一搖翻過來看，已經過世了！連手指頭都生蜘蛛網發霉了。老先生過世那天，褲子脫了一半，下體發黑，生前好像痛得受不了，爬到門口喊人過來；我們發現後，趕快叫警察來處理。一天之內，一連遇到兩個個案斷氣，清晨出門碰到一個個案往生，傍晚回家又發現中風的個案過世。

有時候也會碰到個案生氣，像有對年輕夫妻共乘摩托車和人相撞，斷手斷腳，我們幫忙救濟，過了一、兩年，這位先生身體痊癒，回到葬儀社工作了，還是繼續領慈濟的救濟金。

葬儀社老闆是范春梅的會員，范春梅收錢時，看到照顧戶來上班，就問老闆：「這個人可以工作了嗎？」葬儀社老闆說：「回來做兩、三個月了，就照本薪給

薪。」范春梅聽到後，有天早上十點多，騎摩托車載我去個案家，兩夫妻都還在睡覺，小女兒看到我們，一直叫阿姨。我們不住誇讚：「妹妹好乖，爸爸、媽媽呢？」妹妹說：「在睡覺啊！」我們就請妹妹去跟爸爸、媽媽講，慈濟功德會的阿姨來了。

妹妹去叫兩夫妻起來，然後我們就問：「你們今天沒去工作嗎？」男主人說：「做什麼工作？」范春梅直說：「你不是回殯儀館做兩、三個月了？」這一家的男主人在葬儀社搬運棺材，就閉嘴不說話，不高興了。

我們就說：「你現在能工作賺錢，太太洗碗或找工作都好，快讓孩子念托兒所、小學，把機會讓給別人。」太太安靜不說話，男主人瞪大眼睛，非常不高興。我們接著說：「當你們跌倒了，慈濟就讓你依靠，當你好了就要自己站起來走，我們不能再牽著你了，下個月就無法再讓你領了。」男主人一言不發。

我們離開案家前，說了一聲：「祝福你。」孩子心地純潔，一直說再見，但孩子的爸爸卻生氣大罵：「閉嘴啦！說什麼再見，不見了啦！」當時我們心裏真的好難過，照顧了一年多，照三節送物資，這樣三頓熱食一頓冷飯的，對方就忘了曾經收到那三頓熱食，有時候別人送的青菜或水果有多，也會拿去給他啊！

我們騎車離開時，那男主人轉頭邊罵孩子，邊把孩子拉進屋裏，而孩子哭得很大聲。後來在路上遇到，我主

動打招呼：「歐吉桑要去哪裏？」他竟然說出很難聽的話：「我也沒有領你們的錢，你們管我去哪裏？」我笑一笑回答：「你騎腳踏車要小心哦！」

從年輕時做慈濟做到現在，我沒有改變個性，就是脾氣變得很好，當對方對我臉色不好，還是笑臉面對，這樣快快樂樂過日子就好了。

因為愛，此生無憾

二○○六年，陳勝豐罹患攝護腺癌，在花蓮慈濟醫院就醫，所以我們搬回花蓮。陳勝豐接受治療，需要健保給付的特殊用藥，通常主治醫師視患者需要施打，一個療程十二支，一支八萬塊，一年九十六萬。

陳勝豐開刀後治療半年，又復發了，癌細胞轉移到脊椎，像一群螞蟻包著樹幹，打到剩下兩劑，就跟醫師說打完就不要再打了。

復發後，陳勝豐的病情更嚴重了，他覺得治療沒有用，堅持不要再打針劑，這些醫療資源應該要留給更有需要的年輕人。醫師評估，如果陳勝豐不打針治療，只剩半年生命；陳勝豐說沒有關係，決定不再接受治療。

半年時間到了，那天晚上，陳勝豐陷入昏迷，被送到醫院，醫師研判是肺積水，抽一抽沒事了回來，時間一算，剛好搬回來花蓮第五、六個月，陳勝豐應該是有福

報的，他停止治療後，多活了兩年半。

除了照顧陳勝豐，我也在二○○八年於花蓮歸隊參加訪視，一對一帶著新進志工寫個案，二○一○年陳勝豐往生，我在花蓮全心投入訪視，還好有做慈濟，到了這個年紀才不會太孤單，生活也不會太無聊。

陳勝豐生前答應捐出大體，過世後大體在二○一三年啟用當無語良師、火化，嘉惠慈大醫學院醫學系、後中醫系的八個學生。

陳勝豐珍惜醫療資源、捐贈大體，或許是因為這絲善念，老二結婚生了兩個男孩，陳勝豐在人生最後做了兩年半的阿公，也算是圓滿了一生的缺憾。

陳勝豐不在了，我每天晚上九點、十點睡覺，凌晨四點半起床，到會所薰法香，不然就是在家看大愛臺，到了這個年紀，有做慈濟真的很好，努力寫個案，腦袋還不會忘記很多事。

早期大愛臺還沒開臺前，力霸友聯U2綜合臺有個《慈濟世界》的節目，我採訪慈濟人寫新聞稿，陳勝豐負責攝影、拍照，我們算是U2時代的人文真善美志工。

現在星期一上午，我在花蓮慈院眼科當志工，服務病患；星期二早上到精舍當福田志工，幫忙打掃；星期三上午在社區關懷據點服務長者，了解長照2.0政策；星期五在環保站參與健康促進活動；星期六、日休息或開會。平常我也還在做中國結，有機會就義賣，也可以拿

來跟法親、會眾或個案結緣。

連做夢都會笑

最近花蓮有個原住民個案，屋主李先生和太太吵架，一氣之下，兩人甩門出去，結果廚房煮東西失火，把房子燒了。災後李太太沒回來，李先生住在破屋裏，我們訪視後，評估不可能協助個案重建房子，因為是從祖父母留下的房產，現在父母不在了，四、五個兄弟姊妹持分，整理房子，所有人都要蓋章，不然就無法重建。

剛好我們聽說鄉公所有補助修繕費用，趕快請李先生申請，訪視很多趟，他都說好麻煩，哥哥、姊姊都不肯蓋章。我說：「那你請他們把印章寄回來蓋一蓋就好了。」他說：「他們說房子整理好了想要賣掉，如果賣五百萬，一人分一百萬，不是很好嗎？但是，那我要住哪裏？乾脆不要整理算了。」

其實，個案賣掉房子，賣了一百萬，又不是吃不完，沒房子住，到最後還是要租房子；所以，我們就一直提醒李先生，既然不要整理，這邊漏水，請工人看一看要補幾片鐵片，東補西補，怎麼補都沒關係。

李太太跟人跑掉了，李先生離婚很沒面子，現在獨自扶養三個孩子，我們勸李先生做臨時工，房子漏損，由慈濟協助修繕，後來他也同意了。李先生提出屋頂漏

水，我們請他開估價單，有跟訪視幹事和社工商量，也有請營建處場勘，修繕房屋都要經過這些程序。

重要的是助學，孩子開學時，發現制服破了，我們帶孩子看冬、夏季制服的尺寸，各買兩套，請店家開收據，再來請款。三個孩子成績都很好，都領慈濟基金會的新芽獎學金，連續兩、三年。

那家的小女兒是早產兒，出生時黑溜溜的，像隻小猴子，雖可愛，但也很不忍心。我們每個月帶兩大桶牛奶，細心呵護這個孩子長大，李妹妹現在念到國小二年級了，每次看到我就笑呵呵地抱著叫阿嬤，是一個很乖的孩子。

有時候，我也會帶慈濟大學慈濟人文課程學生訪視，培養慈悲心，讓大學生教個案的孩子英文，或送參考書。我有記錄一次訪視的情形：「二○一七年四月十四日清晨十點鐘，我和慈大醫學系學生到李先生家家訪，因為案家長子升國三了，參加學校合唱團，主唱必須要住校，星期六練唱，所以今天早上沒有看到人，兩位大學生哥哥沒有辦法見面鼓勵孩子，我跟李先生商量，今後家訪改在星期天早上或下午，讓孩子把時間空出來，一起與大學生分享學校的生活。」

從前到現在，時代不同，人心有異，生活習慣或個人感受也有差別。訪視後討論補助方案，有人說個案不用吃那麼好，可是上人卻說行善就要助人生活溫飽，只要

窮人家的孩子肯努力讀書，再多錢都幫忙，因為沒有讀書沒有知識，怎麼翻身？除了補助部分學雜費，我們也會幫忙住宿費，讓在外地求學的孩子有個安身之處。

每次訪視，我都有著滿心歡喜，看到個案生活狀況不好，就覺得自己很幸福，擁有很多。個案得到幫助，病能醫好，有書可念，前程一片光明，個案很高興，我們更歡喜，真的平時想到，連睡覺都會笑呢！訪視助人，看到個案生活平安，也帶給我們很多心靈上的快樂啊！

有個個案有呼吸道疾病，花蓮、臺東各大醫院都沒有醫療設備可以治療，後來被送到臺北土城就醫，前後醫了快五年，回來臺東不到五個月，有天晚上很冷，就凍死了。

爸爸往生，三個孩子跟阿嬤住一起，滿面憂愁，書也讀不好。因為個案家的房子破爛，我們申請了兩萬塊的居家修繕補助，幫忙找床、買家具，我還送出家裏的電冰箱。

個案出殯前幾天，我先去上香祭拜，出殯不敢去，怕孩子們抱著我哭，特地請慈大醫學院的三個學生代表參加告別式，學生回來跟我說：「師姑，那個小女孩在找你。」

踏上訪視這條路，除了與很多人結好緣，在窮鄉僻壤其實也看到青山綠水的風景，感覺助人就像菩薩遊戲人間。有一次在花蓮，我們帶便當出去看個案，要吃中飯

了，找到一條淺溪，坐上大石頭，脫了鞋子踢水，嘴上吃飯、腳下踩溪水，自在又滿足，這樣的經驗，多少人有過呢？

1　早期慈濟志工把接引自己加入慈濟的志工稱為母雞，而受接引的則稱為小雞。

2　一九六〇年代，花蓮人稱靜思精舍的出家師父為農場師父。

○ 訪問：林厚成
○ 記錄：林厚成、江淑怡、林淑惠、呂旭玲、何予懷
○ 日期：2018年8月15日、2018年10月16日
○ 地點：花蓮市建昌路陳宅

記錄快手
訪視經驗談

學畫家系圖、記錄重點，評估補助才有依據。
————陳寶貞

主述者簡介 —— 陳寶貞

一九四九年生，婚前在自家米廠幫
忙，婚後是家庭主婦，一九九二
年受證，委員號二七七二，法號慮
旻。受證慈濟委員後，投入慈善志
業，記錄個案家訪情形，從不會寫
個案訪視資料，慢慢累積多年經
驗，陪伴新進志工，不遺餘力。

十七歲時，家人在臺東縣關山鎮德高里買了一間米廠，我才從桃園中壢搬來關山。那時，姊夫也在花蓮富里鄉竹田村開米廠，後來在東里村又買了一間，偶爾我也會去東里幫忙。

　　先生許仁生是竹田人，跟姊夫同村，兩個人的老家離得很近。姊姊跟我說，許仁生家都是農人，每次割稻的時候，農家就要把稻穀載去我姊姊家的米廠，那是糧食局（今農糧署）收購的穀子。

　　姊姊說，許仁生這個孩子很乖，家裏很窮，從小就幫父母耕田，讀到高中畢業。那個年代讀高中的人不多，許仁生考上電力公司後，姊姊說我跟著他不用做農，我就在二十四歲時結婚了。

　　許仁生工作非常認真，別人調任沒有那麼密集，他在一、二年內，一下從關山調到池上，一下又從池上調到東河，大兒子小學六年就換了四間學校。那時候，許仁生還沒有當主任，我們是租房子住；一九八一年他當了主任後，我們才搬入臺電宿舍，有三、四年沒再調動。

　　許仁生在電力公司的工作相當危險，不管雨天、颱風天，都要出去修復故障的電線桿，所以我會去佛寺為他

祈求平安。那時候的心態是，我不能替先生做什麼事，能做的就是帶好四個孩子，還有每天拜拜求菩薩保佑全家平安。

當許仁生一調到鹿野，我就問當地人：「你們這邊有沒有寺院？」從小，媽媽每天早上都會叫我燒香拜佛，我喜歡拜觀世音菩薩，還有跟出家人結緣，就是愛走佛寺就對了。之後先生調到大武，我一樣問人有沒有佛寺，每天早上走去佛寺運動，順便誦一部〈普門品〉。

先生上班，我在家要做什麼？他上他的班，我就走佛寺的修行路，最起碼常常拜佛，覺得很安心。

還沒進慈濟前，我就已經在海山寺拜很多年了，先生在電力公司的同事、眷屬也有很多人常常到那邊拜拜；但我後來覺得，每天只是拜拜，祈求家庭平安、孩子健康或事業順利，內心好像少了什麼。

小婦人發大願，百萬護建院

一九八七年，電力公司都蘭所簡福成所長的太太陳美玉拿一本《慈濟月刊》給我，我看完很感動，決定每個月要劃撥捐款兩百元。那時東河沒有郵局，都要到泰源的支局劃撥，開車大概十分鐘左右；泰源郵局的局長看我捐款，也跟著劃撥。就這樣，到郵局劃撥很多年，每次就是捐款過去，也一定會收到慈濟寄來的收據。

有人來收款，我才能知道慈濟的訊息。後來，我看到月刊公開募病床，一床一萬五，我就開始存錢，從生活費中抽幾千元存起來，有時候兩、三千，有時候四、五千，存到一萬五千元，想找個人來收款。

我在海山寺拜拜時，碰到先生同事的太太，乘機詢問：「臺東有慈濟志工在收功德款嗎？」一問之下，找到劉清子師姊，趕快把捐病床的一萬五千元交給她。

捐完病床後，有一天我在心裏向上人默默發願，也想要捐一百萬成為慈濟榮董，護持慈濟建醫院；如果先生能夠調到綠島拿雙薪，我就慢慢存錢存到一百萬。

後來，娘家爸爸分財產，女生一人分到兩百萬，我趕快先幫先生捐了榮董。先生被調派綠島，一去就是十年，他是唯一在綠島做到退休的員工，他說也要幫我捐一個榮董，果然有願就有力，因緣就來了。

一九八九年，清子師姊叫我做她的會員，沒多久又要我受證；我說還不行，因為怕募款影響到家庭生活，而且我還想更深入了解慈濟，所以又再觀察了一段時間，這一等就是三年。

一九九二年，小孩都上幼稚園、國小了，我才跟清子師姊說：「我可以受證了。」那時候不用培訓，可以直接受證，那一年剛好是臺東第一屆慈誠隊受證，但女眾只有我，所以有六個男眾受證慈誠，我受證委員。

我很喜歡看上人的書，剛進慈濟時拚命買，一個星期

讀一本。先生在成功上班的時候，從臺東開車來回近三個小時，我也買了一套上人開示《法華經》的錄音帶，讓他天天開車聽，三、四年內不知道聽過幾遍了，那時候他還沒進來慈濟，就從聽上人錄音帶開始了解慈濟。

電力公司的同事娶媳婦，我們都會出席喜宴，還沒有開桌之前，我就先募款了。先生很不好意思說：「不要去我同事那邊募款啦！」我說：「拜託，人家不是跟你許仁生結緣，是跟上人結緣呢！是要捐錢給慈濟做善事，不是因為你許仁生才交給我。你許仁生去收看看，有沒有人要捐款。」他就沒話講了，從此不敢阻擋我跟電力公司的人收善款。

本來就是，人家是因為看到慈濟好，才要捐款給慈濟，是我做慈濟，不是你許仁生做慈濟啊！人家也不會叫許仁生收款，都指定：「許仁生，請你太太來收。」

一九九八年，陳寶貞與先生許仁生在勝利街舊聯絡處合影。
（照片／陳寶貞提供）

從不會學到會，還能教別人

　　每天我都是利用時間收善款，有空就和王添丁校長、資深師姊們訪視，以前跟著王校長訪視，這裏看、那裏看，你帶梅子、水果，他帶花生、茶水，好像遠足一樣。劉清子師姊是王校長的小雞，負責泡茶給大家喝，有時候到大武、長濱訪視一天，我們會帶便當，中途休息時找地方用餐，覺得很好玩。

　　第一次參加訪視回來，我分到八、九件個案，完全不會寫資料，怎麼辦？在家寫了撕掉、撕了又寫，到晚上十二點才寫三件；第二天，我跑去劉清子家，問個案怎麼寫，結果她請一個文筆很好的蘇升興師兄來教我，這

二〇一一年陳寶貞全家福。（照片／陳寶貞提供）

位師兄並沒有到過個案家，我們講訪視情形，他寫一寫，再讓我們照抄，一天寫完十件。

寫個案本那麼簡單的事，我竟然要寫一天！如果是舊的個案，我會先打好草稿，寫下當天的訪視狀況；寫新個案更困難，所以我寫完案本，變得不大想去訪視。而王校長太忙了也沒辦法問他，後來知道鄭怡慧師姊文筆很好，都請她協助記錄、整理個案資料。我也會跑去怡慧師姊家請教，看人家怎麼寫案本。

譬如，當時有個急難救助的個案，臺東大學有位學生登山，發生意外往生，確定由我們這一組負責訪視，決議發給家屬一萬元急難金。我不會寫收據，就去怡慧家翻舊案本，抄寫起來或是影印回來，有些可以套用的就套用。

先生上班、小孩上課時，我什麼沒有，就是時間最多，每天只要有空、有人邀請，我都會出門訪視。訪視前，一定先分享一下個案，講一下這一戶的家庭狀況，回來後討論濟助方案，或是教新人怎麼寫案本。

二〇〇二年，臺東訪視分四組，我承擔第二組組長，這一組接手的個案還算少，負責八十幾件，有七、八個人拿案本分工主責。我要帶組員看個案，所以非常了解組員的時間，每個人哪一天早上、下午或晚上有空參加訪視。

因為很多都是新進的訪視志工，不會評估個案，也不

會寫案本。我是過來人，知道新人很怕寫個案，當組長的就要一直陪伴。譬如，這個志工開自助餐，忙到下午兩、三點休息，我就利用三點到五點教她寫案本。

剛開始訪視的時候，本會社工會告訴志工有哪些訪視事項，包括詢問案家哪些問題、注意哪些事情，志工提報個案，也是交給組長，再把這些案本交回本會。因為對每件個案瞭若指掌，本會社工詢問個案的訪視進度時，我都能馬上回答得一清二楚。

我們這組負責的個案大部分都住在臺東市，最遠在知本；要到知本的話，我會先打電話約好，請志工把時間騰出來。綠島的個案，則是由各組志工輪流去訪視。

開會討論個案，固定都在國曆每個月十號，後來改成農曆每個月五號，每個月五號不一定是星期天，有些人上班，沒辦法報告，組長就要幫忙。

討論新案時，大家對補助方式如果沒有共識，就要拿出來討論。臺東有拿案本的志工二十多人，組長們把個案資料寫上白板，畫出家系圖，很清楚地把案家的情形講給大家聽。

陪伴新進志工訪視，事先要了解、記錄個案的家庭狀況，回來討論時相互參考，譬如自有房屋嗎？政府社會局低收入戶第幾款？有的師姊七、八十歲了，剛受證，寫字很慢，不會寫案本，我就邊念讓她邊寫，學會畫家系圖，這樣下次她就比較有經驗了。

有些志工討論新案時，提報個案的案本，只寫濟助金額，沒寫原由？我跟資深的王齡珠說：「這是我們的責任，我們沒教她，很多重點沒寫到。」有資深志工的陪伴，新進志工就會很安心，看個案不用擔心怎麼評估，或是案本哪裏沒寫到。

　　其實，志工跟照顧戶熟了以後，就知道要怎麼關心，不然大部分就是照顧戶講什麼，我們就寫什麼。有些人說：「這個不用啦，旁邊有種菜就可以吃了，吃是沒問題。」訪視時，對方明明就講生活很辛苦，要負擔媽媽的安養費，小孩子讀書多少錢、住校又要多少錢……結果回來討論到最後，結論是不予濟助，這樣子的結果很矛盾啊！

　　所以我會問，是什麼原因不予濟助？然後提報給訪視幹事，這樣個案資料送給社工審核，等每個月農曆五號，花蓮本會社工在例行個案的新案研討時過來，再把個案的資料，像是每個月收支多少等細節，寫在白板上一起討論，才比較準確與客觀。

　　現在早上有空，我就是看個案，下午幫女兒帶小孩，要去訪視的時候，我就跟女婿講：「今天早上我要去看個案，差不多十一、二點帶孩子過來。」我在照顧兩歲多的孫子，再帶一年等去讀幼稚園就不用帶了。

　　現在案本都交給年輕志工了，資深志工只要傳承、陪伴看個案就好了。

但是有些人在上班，還是會託我寫案本，我會告訴他們：「十幾件個案，最起碼你也要寫個幾件，不能通通都給我寫吧？你把案本放在我家，等一下約個案，不知道住址，又要打電話問我，這樣方便嗎？」

　　有的志工把案本通通放我家，我寫好案本，請志工來拿，她也沒空，好像這是我的事一樣，我告訴他們這樣不行，最起碼跟案主聊天、約時間、提報、通過新案或訪視的時候，你一定要來拿案本。

　　做志工要把工作分清楚，該陪伴的我陪你去，但責任還是要自己承擔，不然永遠不會成長。看個案是每一個慈濟委員的責任，本分事不能說不做。

二〇〇九年莫拉克風災後，陳寶貞等志工關心民眾受災情況，並致贈生活包和慰問金應急。（攝影／林素月）

年輕人文筆很好，只要講一下，就好像在寫作文一樣寫很長。只是很多人都在上班，所以幾乎都是我在寫案本，有時候寫到晚上十一點，頭腦一直轉，以後才不會老人癡呆。

二〇一七年，本會社工才教我們用手機、電腦傳個案資料，我還不大會用，可是該學的我也一樣要學會。

擁有健康身體，更能走長路

二〇〇九年，遇到訪視幹事兩年一任的傳承，我本已承擔訪視幹事，卻因為脊椎受傷開刀，最後還是推辭了；隔年又開頸椎，訪視停了大概有一、兩年吧！

脊椎會受傷，是因為自己做事不用心，用力姿勢不正確的關係。莫拉克颱風過後，臺東聯絡處門口前的馬路上到處積水，整條路都是小葉欖仁的落葉。我跟高春枝師姊在值班，想說每次風災後，我們常替民眾打掃家裏，自己門前卻那麼髒亂，門面不好看，就跟她說：「咱們來掃一掃。」

我們在大馬路上從早上掃到下午，掃了五、六袋黑色大袋子，想拖在一起，等晚上五、六點值班的男眾來了，就可以丟垃圾車。當時傻傻地，不知道可以刺個洞，讓髒水流出來，我一個九十度彎腰，一下子出力拉大袋子，那是最不好的姿勢，根本拉不動，就跪下去

了。我站不起來，勉強忍痛，跟高春枝師姊說：「我的脊椎受傷了。」

第二天，我趕快到花蓮慈濟醫院看骨科陳英和院長的門診，X光一照，腰部兩節脊椎本來直直排列整齊，已經滑脫跑到前面去了。陳英和院長開消炎藥給我，吃一吃就好多了。接下來將近一年的時間，我一直在吃消炎藥，腰傷忽好忽壞，有時候買菜，拿個高麗菜也在痛，吃消炎藥幾天就又好了。

我覺得生活品質不好，動不動就痛到要吃消炎藥，於是陳英和院長幫我安排開刀。開完刀，最起碼要休息大半年，但訪視幹事常常要開會討論個案，根本無法好好休養。

開完腰椎半年後，換頸椎開始痛，整隻手痛到吃消炎藥也沒辦法。頸椎是怎麼受傷的呢？我是慈濟技術學院（現慈濟科技大學）的懿德媽媽，以前是幫忙帶日間部的學生，後來換到晚上的在職班。那一班同學都是上班族，白天在榮民醫院、門諾醫院或慈濟醫院從事護理工作，晚上到慈濟科技大學進修護理專業，每個月第四個星期五，晚上六點半到八點半是懿德媽媽的時間，我們會準備晚餐給同學吃，收拾好要回去時，通常已經是九點多了。

從花蓮開車回臺東，差不多要三個半小時，每次回到家都快要十二點了，二〇〇五年有一次七、八個人搭一

輛廂型車，途中駕駛突然緊急煞車，我坐中間，整個人往前衝到駕駛座，那時候就覺得我的頸椎好像受傷了！回家睡一覺，起床也沒怎樣，就是手會痠麻，我就近到臺東的醫院掛神經內科，醫師拿把小槌子輕輕地敲一敲，測試傳導，功能都很正常。

二〇一〇年過年，臺東訪視志工為照顧戶舉辦冬令圍爐，結束後終於有時間打掃家裏，清掃時感覺手腳都麻了，趕快再到花蓮慈院找陳英和院長。陳院長幫我轉診給吳文田醫師，吳醫師說：「你這個已經拖很久了。」我說：「對啦！大概有五年了！」吳文田醫師馬上安排開刀，開完頸椎手術，我又休息了大半年。

發放日，陳寶貞陪伴照顧戶到臺東聯絡處環保站體驗資源分類工作。（攝影／陳秋香）

這兩次病痛的體會是，該休息就要充分休養，有健康的身體才能走長遠的路。

能苦人所苦，相伴度難關

臺東有不少居民的工作是和釋迦或茖葉有關，他們多半靠撿茖葉、包釋迦賺錢過生活，其中也有很多單親家庭或隔代教養，這些單親爸爸、媽媽或阿公、阿嬤靠疊茖葉打零工，每個月收入約一萬多元。

二〇一六年尼伯特颱風後，茖葉被強風打沒了，做工的人以前可以做五天，現在只做一天。很多家庭的經濟來源受到影響，那一年臺東的個案增加非常多，高達好幾百件，其中有兩、三百件，都是遭受風災的民眾。

到災區家訪，看到災情那麼嚴重，我在心裏向上人發願，一定要很認真地關懷受災戶，雖然太陽那麼大，訪視卻做得很歡喜。因為是大型災難，全臺的慈濟社工都來支援，長達一個月的慈善工作，我一點都不覺得累。

臺東志工關懷受災戶，一組五個人，四個志工搭配一個社工，只有我們這組沒有分配到社工。我說：「我們這裏缺一個社工。」社工說：「有你就好了。」我們這組志工也跟著說：「我們有你就好了！」他們就是覺得，我很會寫個案資料，訪視當場聽一聽做筆記，回來發現沒有問到的，或哪一個地方有疑問的，我會打電話

問個案：「某某先生，我想再請問你一下好嗎？……」

　　當看到那些比較艱苦的人，真的能感覺到我們是滿幸福的。臺東很多單親家庭，帶小孩又要賺錢，有的人結束一段婚姻，馬上又跟另一個人同居，同居人工作不穩定，還生了小孩，這樣的情形不少。

　　二〇一七年過年前，我們去看一個個案，女的三十歲，因為住基隆的先生有暴力傾向，便帶一個一、二歲的孩子回到臺東娘家申請保護令；她還沒有離婚，就跟另一個三十二歲的男人同居，男的也是離婚，有一個三、四歲的孩子。兩人租房子同居，帶兩個小孩，只放一張單人床，四個人一張床怎麼能夠好好睡。

　　還有一個個案，男生在西部做板模工，回來臺東沒工班工作，尼伯特颱風後，也沒有荖葉可以做了。個案沒有工作，有的人會想：「唉喲，這麼年輕，自己還可以打拚，不要幫助他。」但我們認為：「再過幾天就要過年了，給他們一萬塊急難金好過年。」他哭得唏哩嘩啦，不斷感謝志工。

　　雖然他還年輕，我們沒有提供長期濟助，只列為居家關懷戶，一、兩個月去看一下，看看他有沒有找到工作；如果還沒有工作，我們再發一個月五千、七千的救濟金都沒有關係，就看當時的情形再給予補助。那是一種同理心，急難時得到溫暖的幫助，更有意義。

　　尼伯特風災後，臺東志工兩百多人，負責一千多戶個

案，扣掉上班族、年長志工，大家分一分，每一個人都要負責幾戶至十戶。訪視工作又多又雜，一下要補助學雜費或舉辦新芽獎學金，一下來個端午節，又要送粽子、送書。慢慢地，等受災民眾生活恢復正常，有些人已經採釋迦來賣了，我們就可以結案。

現在經手的個案，有一半以上是原住民。我很想要去太麻里訪視，但脊椎受傷過，不能騎機車，需要有人開車載送；先生中風了，不然以前都是他開車載我去，臺東志工很忙，男眾又比較少。

我覺得個案那麼苦，我們能幫上忙，這種感覺真的很好，如果今天沒有慈濟，我也不知道有那麼苦的人，家

臺東冬令發放暨歲末圍爐開始前，陳寶貞（右）等人帶領大家合十供養。（攝影／陳秋香）

裏也沒有那麼多錢可以一直幫助人，就是因為慈濟，才讓我可以幫助那麼多遭遇苦難的人，盡可能協助他們走過苦難，我好有福報！

付出總是受益，持續靠歡喜

一九九六年，上人行腳到勝利路的舊聯絡處時，一個一個點名問：「你要承擔什麼幹部？」我當面跟上人說願意承擔培訓幹事。事後想說：「我怎麼都沒謙虛，應該說我學習看看。」

後來，蔡萬俊師兄承擔臺東第一任培訓幹事，可是他做生意很忙，每次到靜思精舍尋根就找蔡秀琴師姊代替，幫忙處理行政工作。他做了兩年要交接，就請我出來承擔，我馬上說好，便承擔了六年的培訓幹事。

不過，每年臺東報名培訓志工的人都是個位數，每個月培訓課在舊聯絡處進行，也沒有講師，幾個人圍圈圈坐著，就是志工帶志工的方式。當上培訓幹事後，我常常請外面的講師來上課，自己負擔講師的車馬費。

曾經邀請李政道博士來宣導骨髓捐贈，那時候人少，人家一個博士來到臺東，只有二、三十個人來聽，覺得很不好意思；還有一次，請蘇足師姊來演講，也是二、三十個人，她說：「人數好像有點少？要多多接引志工菩薩！」我就很不好意思地告訴她，臺東志工培訓課程

的學員不夠。

其他時間，不是歐順興老師講，就是王齡珠師姊講，也不能每個月都請那幾個資深志工講課，我跟宗教處說明困難處，結果宗教處回覆我：「臺東人少，那就每個月回花蓮上課好了。」

所以，每個月我都陪學員回花蓮上課，花蓮的志工會安排課程，多好！

上課當天早上四點，我就來聯絡處準備早餐、登記資料，多數時間開九人座車，有幾次人比較多，要租遊覽車。四點半一定要發車，不然會來不及八點準時到花蓮上課。尋根之旅一定會去，所以那些新的委員都說：「有你真好，每個月都會陪伴我們精進。」

我很感恩楊德才師兄，接送志工配合得很好。每次培訓課的前一個星期，我都會請楊德才師兄幫忙檢查車子的狀況，看有沒有足夠的油跟水。早期加油站沒那麼多，凌晨四、五點在半路上根本沒地方加油。楊德才師兄都會辦好，我就很放心，開車以安全為主，也不開快車，遲到一點時間沒關係，我就是掛念著整車的人，要安全、要平安。

每一次到花蓮上培訓課，聽講師講到我不了解的地方，我都覺得是自己賺到了，雖然自己已經受證，但多聽別人分享，真的可以學到很多東西。另外，最重要的就是有道氣，那麼大的場地，那麼多人坐在底下聽課，

道氣自然而然就有了。

　　每個月回去花蓮上課充電，感覺心比較定，就不那麼容易退轉了。看到別人那麼精進，就知道自己也要更努力做，道心就更堅定。我覺得陪學員上培訓課，受益的還是自己；做訪視也一樣，收穫最多的還是自己。對我來說，訪視持續這麼多年，靠得就是一顆歡喜心。

○ 訪問：陳芝安、謝欣志、林厚成、江淑怡
○ 記錄：林厚成、陳芝安、陳若儀、許繡尹、江淑怡、何予懷
○ 時間：二〇一七年七月五日、二〇一八年六月十五日、八月十三
　　　　日、十月十二日
○ 地點：臺東市許宅、臺東靜思堂

天生俠氣
傳心法

用生命走入生命，個案與我視彼此為貴人。
　　　——蔡秀琴

主述者簡介 ——— 蔡秀琴

一九五二年生,曾在鋼琴文具店、
農會上班,一九八九年受證,委員
號一三二六,法號靜欣。成為慈濟
志工後,長年投入臺東各地訪視,
以平等心對待照顧戶,重視人人身
而為人的尊嚴,疼惜而非憐憫。

我出生於臺東縣池上鄉，進入慈濟的因緣來自爸爸蔡少鵬。

　　爸爸和花蓮慈濟委員李時的先生黃金木曾是部隊中的同袍，也就是在臺灣志願加入國民政府的軍隊，前往中國大陸打仗的那些年輕人。

　　有一天，二人在花蓮火車站相遇，很像電影情節，黃金木十分驚訝地問我爸爸：「哎唷！你還沒有死喔？」兩人相互問候近況，得知黃金木在花蓮開樂器行，同時兼賣文具。

　　爸爸走過中國大陸很多地方，世界觀很遼闊，他認為女孩子不能一直待在池上鄉下，應該要見見世面，就介紹我去黃金木的樂器文具店工作。

　　一九六九年，第一次出遠門。記得第一天到花蓮市博愛路，在李時家的店報到後，因為缺一雙拖鞋，就到南京路的鞋店買鞋，回來時，轉了個彎，經過李時家，還不知道文具店到了。

　　高雄的資深慈濟志工涂茂興當時在花蓮當兵，他很會彈吉他，星期天都會到李時的店裏彈吉他。看到我經過門口，大聲地對李時說：「歐巴桑，那個不是你們店裏

新來的女孩子嗎？」李時才請涂茂興追出來叫住我。

　　當時臺東是比較鄉下的地方，對臺東人而言，花蓮市是一個大都市，就像臺北一樣，是很熱鬧的地方。就這樣，我從單純的臺東鄉下，來到花蓮市的花花世界。

　　我在李時店裏的工作，就是幫忙做業務，推銷鋼琴、整理貨品，還有跑學校、銀行的生意。一九七二年要離職、離開花蓮之前，同事說：「你一走，這家店就少了得力助手，人家是走一個店員少一條胳膊，秀琴你走了，是少了兩隻胳膊。」

　　我出生於生意世家，父祖輩做大生意，後來因為包大工程而崩盤，因此我的底子裏有做生意的基因。

蔡秀琴（左）與好友在李時文具店前合影。（照片／蔡秀琴提供）

樂器文具店有時需要資金調度周轉，比較熟悉也有信任感後，李時常對我說：「秀琴，趕快去某工廠跟廠長調多少錢，趕快去巷口那家木材行調多少錢……」

那時候吃一碗麵才兩塊半而已，鋼琴都是很有生活水準的人才有能力買的，以前沒有一千塊、五百塊紙鈔，都是一百塊，一臺鋼琴賣四萬多塊，我就要抱一堆錢到銀行。

有時候，李時要去參與慈濟活動，都跟我說：「秀琴，抽屜的錢要顧好。」當時的我，可以感受到李時對我真的是很信任。

在李時的店裏工作沒多久，我就聽說慈濟功德會的救人事蹟。頭一個月領薪水，有一天李時突然問我：「秀琴，你要來繳功德費喔！」我說：「好啊！好啊！」其

實我沒有錢，月薪三百元，全要寄回家，都不能留著；妹妹蔡秀戀做美髮，拿到的薪水也都要寄回家裏，小費當成我們的零用錢。

李時問我要繳多少？我

一九七五年十二月，蔡秀琴與先生劉文瑞結婚前合照。（照片／蔡秀琴提供）

想每個月每人五元，祖父母、父母從小就很疼我，四個人剛好二十元，以前的孩子想到的都是父母親或長輩。李時還問我：「你要繳到何時？」現在想起來好奇怪呢！我當時沒有考慮就直接説：「要繳到沒有功德會為止。」那句話一直記在心裏頭，那時候李時看我，就像現在我看年輕人一樣，覺得這個孩子真的夠乖！

文具店的生意實在很忙，我騎那輛破舊的老機車送貨，最遠到過新城、太魯閣的學校，每個月農曆二十四日，如果有空就跟李時去靜思精舍，感覺就像放假一樣。每次打佛七，因為還要顧店，李時和我只有參加第一炷香的時段。凌晨三點多開始，我傻傻地跟著拜，也不知道在拜什麼，但心情就是很平靜。

這輩子難忘的震撼

在文具店工作期間，李時常常跟我分享慈濟，有一次還邀請我參加訪視；那時，上人行腳，都會到各個定點訪視個案，大家一起坐遊覽車，沿途很開心，好像要去旅遊一樣。

説到這裏，有些心酸啊！差不多八、九歲時，爸媽要我到住家附近的天公廟拜拜，塞給我五毛錢，讓我帶妹妹去玩；我記得在廟裏看到一個小兒麻痺患者，身軀那麼胖，腳小小隻，不能走路，只用一條破輪胎放在屁股

的地方拖著走。

　　那時候有一毛錢就能買東西，要多久才能拿到五毛錢，到廟裏想吃個東西，唉唷，看到那個人那麼可憐，想要給人家錢，又怕傷到對方的自尊心，我跟妹妹說：「阿戀，你拿去啦！」最後我們沒有買零食，把那五毛錢都給那個人了。

　　上人帶我們去看的其中一個個案，那個外省伯伯的太太，就是小時候我在廟裏遇到的小兒麻痺患者。她後來嫁給了外省伯伯，生了五、六個孩子，一家人住在一間破厝。

二〇一二年，臺東縣後山福利協會舉辦募髮活動，髮束將全數捐給花蓮慈濟醫院癌症中心製作假髮，蔡秀琴（左二）等志工代表接受。（攝影／趙一芳）

那個外省伯伯吐血吐了一臉盆，那一幕剛好讓我看到了，上人還是帶我們進去，慈悲地噓寒問暖。同行的人都是富貴家庭的太太，如果不是跟著上人，誰敢去那種地方！

訪視結束後，我們又到曹葦醫師服務的玉里榮民醫院（現臺北榮民總醫院玉里分院），印象最深的就是第一次到精神科訪視兩個個案，感覺不太好，心裏留下不小的陰影。

這兩個個案，其中一個母親往生，其中一個女孩子下體潰爛，精神又有問題，上人於心不忍，將這兩個個案送來就醫；兩個人一看到上人，就相互打小報告，上人只好做和事佬。

那個女孩子應該只有十五、六歲而已，居然把十八歲的我認作她的阿嬤。上人走過一道道門，每當剩下我一個人在病房裏，內心就感到很害怕。我們走出最後一道門，進到另一個房間，地上黑黑髒髒，有的小孩沒有身分，好像半路上撿回來的遊民，好可憐！

有一個病患，入伍當兵時精神異常，他一看到上人，馬上頂禮。這個病患說他也有出家，頭頂上也有六點（戒疤），其實頭上沒有點戒疤，還唱了一首軍歌給上人聽。

那是我第一次看到那麼多身心有缺陷的人，除了一開始的害怕，也很震撼，原來貧窮不一定是最苦的。看到

上人以慈悲心領著大家，真心關懷別人，那一分柔性在我心裏留下更大的震撼，一輩子都不會忘記。

在精神病房，我感受到很多，看個案一定不能把自己拉太高，姿態也不用拉得太低，雙方平等就好。後來我學習到，一定要用平等心對待照顧戶，所以照顧戶幾乎跟我都是好朋友，就是這樣的因緣來的。

為了回臺東泰源照顧罹患帕金森氏症的奶奶，我辭掉工作，李時剛開始還不大能夠接受。以前她要僱用店員，都叫我幫忙找人，如果覺得那個女孩子有本事，就把人帶回來，早期很多人做女工而已，做店員算是很好的工作。

店裏工作除了功學社的鋼琴價格，所有文具、運動器材的價格都寫英文字母，都用暗號，李時只有請我評估售價，其他店員並不知道價格。

要離開花蓮的時候，李時還很捨不得，特地從花蓮搭車到臺東，轉車坐到泰源，找到我家，看到我幫奶奶洗腳，她就明白叫不回來了。

而我只要離開一個地方，也不會想再回去了，會開始想下一步的計畫。但是，我跟李時說過，功德費要繳到沒有功德會為止，當時也還不知道王添丁校長是誰，臺東、花蓮那麼遠，我也沒辦法每個月都請李時來收錢，那個年代要找慈濟人，還真的不是那麼簡單。

在泰源照顧奶奶的那兩、三年，爺爺介紹我到都蘭的

農會上班，因為通車上下班的關係，劉文瑞的長輩在泰源遇到等公車的我，覺得我不錯，就到家裏去提親。

一九七六年，我跟劉文瑞結婚後，開始做家具生意，我們在中正路開店創業，沒有本錢，只好靠娘家的媽媽讓我標會做生意，把一個家撐起來。

一九七九年的某一天，張月女（靜平）師姊來我的家具店買床，催我快一點送去他家，便轉頭向同行的人說：「快！快！快！我還沒有收功德費。」我找慈濟找了那麼久，終於有消息了，我說：「等等！你說什麼功德費？」靜平回答：「花蓮慈濟功德會的功德費。」「喔！那你以後來我這裏收錢。」

因為靜平住在中興路豐田國中附近，離市區比較遠，王添丁校長住在中華路，離我比較近，所以她就請校長來收功德費，讓我和慈濟又接上了緣。

我總在想，怎麼樣才能夠生存呢？先生是一個非常顧家又節儉的人，從結婚那天開始，除了吃三餐，一天沒有花超過十塊錢，幾乎沒有。我則是做事要求完美，但哪有十全十美的事？不可能啊！因為白手起家，我心又急，如果沒有達到營業的目標，就會起煩惱，心裏慢慢積壓憂鬱，有一天就爆發了。

一九八四年，我三十三歲，孩子們的教育費、家裏的各項生活費，要求完美的我，因為經濟壓力，得了憂鬱症，花了十年才治好，主要是把上人教示的佛法當依

靠，這要下很大的決心，找到正信的宗教信仰，找到修行的方法。

其實，那時候我和上人的因緣也還沒有很深，也沒見過幾次面，但對於上人可以影響別人一起照顧那麼多貧苦人家的精神卻是很有信心，真的很難過的時候，就想到上人對每一個人的慈悲，我鼓勵自己：「我也可以走過難關。」

那時候，也有人帶我去臺東大橋附近的一間廟問事，我還是跑了回來。甚至婆婆跟我說，要不然請富里兩個「釬的（法鈴，指乩童、道士）」到家裏來，釬的快走到我家門時，我突然間快步上前說：「仙仔！不用了，我沒有需要了。」釬一次是六百塊，我一樣一人給六百塊紅包。我想，不釬還好，如果釬了，又有一大堆事情，反而招來很多麻煩，就把人給請回去了，爾後我還是一樣做生意。

老伯來世要當我爸爸

正式承擔訪視工作，是在一九八七年，感恩范春梅師姊的帶領，她比我晚接觸慈濟，但比我早受證。有一次聊天，范春梅師姊提到，有一個老人薛治罷患痛風，那是我還沒受證前接觸的第一個個案，也是我家斜對面診所蕭敬楓醫師的病患。

我跟春梅師姊說：「我雖然忙，但是如果有能就近照顧的個案，就讓我來關心。」我滿有長輩緣，以前幫忙餵阿嬤吃飯、洗衣服，也有照顧老人的經驗；薛治住在我家附近，我每天探望。

　　有一天，我和春梅師姊、蕭醫師娘去看他，順道買了一碗麵；剛開始餵他，他都不要，我很有耐心地輕聲相勸：「阿伯，你多少要吃一點東西。」薛治才願意接受，吃了半碗麵，春梅師姊把薛治交給我照顧，後來她負責送早餐，我則送中餐、晚餐。

　　剛開始，每次去薛治家，我實在是沒膽，很害怕，因為薛治家很隱密，屋子破破爛爛，進去都要經過一家棺材行，外頭放了很多棺木，棺材不可怕，可怕的是做棺材的那些人。

　　那時我還年輕，如果那些人跟在我後面，喊救命的話前面也沒有人，阿伯也無法救我啊！年輕時我

二〇一八年，蔡秀琴（左）等志工於臺東縣延平鄉桃源村部落老人日間關懷站宣導節約用電及用水，鼓勵自備環保碗筷，不用塑膠袋。（攝影／楊德祥）

皮膚白皙，太陽照了兩頰紅紅，有一天薛治跟我說：「你擦粉不要擦太紅。」薛治把我當作自己的女兒，連這種小事都關心；他也不貪心，有時候我要給生活費，他都不拿，我們對彼此都很貼心。

有一次，我說：「阿伯，你真會挑食，一定要吃魚和絲瓜湯。」每天去薛治家，我也是用一顆疼惜的心，陪著一起喝絲瓜湯。

後來，薛治阿伯的身體慢慢好轉一些，不需再天天去陪他。某次發放，他沒有出來領補助金，過了好幾天，也都沒有來補領，我們又到家裏訪視，發現他因痛風再度惡化發燒，腳都腫起來了，不能走路，整個人本來躺在床上，不小心跌到床下，褲子沾滿了尿，躺在地上好幾天，沒有人發現。

後來鄰居不提供住宿，薛治住樓上也不方便，我們就協助他搬到鄉公所提供的貧民屋，又幫忙修繕。那裏有好幾戶沒有自來水，乾脆整排接上自來水，宋美智師姊那時候都在幫窮人家蓋房子、修理房子，慈濟的照顧戶也同時受益。

每天，我要幫薛治換褲子、燒熱水，有一天他告訴我：「秀琴，來！你去叫那個春梅來，我要向你們說一件事情，兩個人都要在場。」我找來春梅師姊，薛治開口就說：「我以後要當你們的爸爸。」

那時候我很納悶，薛治阿伯怎麼說這樣的話？阿伯

說，來世要做一個很有錢的爸爸，錢都要給我們兩個，花不完的；薛治就是想要回饋，他說今生不能報答，就用來生。我想說來生怎麼樣，誰也不知道，話雖如此，但他心存感恩，那也是他的願力。

雖然薛治有一部電動車，但是很少在用，也都不繳電費，臺東縣政府社會局有個居家服務員，人真的很好，可是薛治都否定她，她到我家來說：「秀琴，你去跟阿伯說一聲，沒有繳電費。」

我一去就打招呼，不用開口，薛治就說不曉得電費多少錢，彼此之間互動的感情很好。最後薛治重病彌留，居家服務員在一旁照顧，我們只是參與喪事，最主要是因為一九八八年，我開始到花蓮慈濟醫院當志工，更忙碌了，一直在外面奔波，沒有辦法全心陪伴。

薛治說話不清楚，我們一直陪伴到最後一刻，他要我幫忙寫信，寄給在高雄的妹妹。以前我在學校讀書的時候，就很會幫人家寫信，那都是鄉下的媽媽們要向外地工作的兒子討錢，我寫完念出來，那些歐巴桑聽了都說：「你怎麼知道我要說這個。」當然知道，我媽媽要錢的時候也常常這樣催我，也都會要我顧好身體。那些歐巴桑都喜歡找我寫信，我把她們講不出來的心裏話寫了出來，所以都建立了很好的感情。

那時，兩個孩子還小，差兩歲，都還在讀小學，我們夫妻已經開了兩間家具店，生意日漸興隆。過年的時

候，沒有僱人，自己一個月就做好幾百萬，何等忙碌！

我都跟人說，得憂鬱症非常辛苦，病發的時候，還要控制情緒，把那個感覺壓下來，家裏那麼忙，孩子又還小，所以我一直覺得，我只有做慈濟，才能夠破業力；但那時候我不會說「業力」，我會說「災」，做慈濟是在消災，我常在想，當會員只是出錢而已，怎麼樣才能夠出力？

顏惠美師姊來臺東教插花、招募志工，我正式加入志工行列，隔壁鄰居還問我：「阿琴，這兩間店那麼忙，你怎麼做志工？要做到什麼時候？」我說：「做到沒有志工為止。」那時候就一直在想，我要用什麼方式回報上人。

開始當慈院志工那一年，有一百多個人報名，做到現在，我還沒有停過，我一直覺得這是承諾，而且去花蓮當志工，晚上都是住在靜思精舍，每天親近上人，那種歡喜不知道怎麼講，感覺很好！

隔年，我正式接個案，和鄭怡慧、陳勝豐一組，陳勝豐看個案頭腦非常清楚，但是說話比較嚴厲，其實嚴厲中有很多含義，而且也有方法，我心腸軟，看個案，每看必哭，那時候人家都叫我「愛哭的」。

這段時間，臺東志工沒有分區負責個案，當時東西南北交叉訪視，有時候這個志工去關山、池上，有時候在新港（臺東成功舊名）、太麻里，大家都是這樣交叉看

個案，所以，早期臺東志工幾乎都清楚所有的個案。

有一次訪視去關山，還沒進到案家，屋子裏外都是大便，臭氣沖天，大家都暫時停止呼吸。那一天很冷、很冷，個案整隻腳化膿潰爛，不會說話，發出像熊一樣的聲音。

了解案家的需求後，我們再到山上看一位阿嬤，阿嬤把食物都倒在床上、床邊，遍地腐食，非常地臭，阿嬤則被一堆臭棉被、衣服遮蓋住，根本看不到人，講話好像松鼠叫一樣。

同一天內，聽到人發出兩種動物的叫聲，當下覺得，沒有尊嚴的時候，跟動物沒有兩樣。

每看一件個案，自己想一想，今天身體健康，能夠做慈濟，是多麼地幸福啊！

半開玩笑半恐嚇

對於接個案，我很有信心，我認為慈濟人沒有接個案就不能叫委員，委員一定要親自走入貧苦，才能見苦知福。募款要說慈濟給人家聽，怎麼說到讓人家感動？就是要從慈善這一塊開始。訪視時，也要有那一分同理心，溫言軟語是最重要的，一個人被提報給慈濟幫忙，絕對有原因，不是病就是苦。

我碰過一個個案，精神有問題，父母離婚後，媽媽跑

去西部，爸爸中風、跌倒，由慈濟協助安置在安養中心。後來爸爸往生，這個孩子沒有人管教，動不動就打同住的阿嬤，那個時候，我就不是溫言軟語了。

年輕人精神狀況不太好，我會先買些他想要的日用品，然後半開玩笑半恐嚇：「聽說你打阿嬤又逃家，你以為我在臺東，都沒有注意？我都有去派出所找警察，請警察巡邏時到你家看看，警察都會跟我們說喔！如果記錄太多，我就叫警察把你抓去關，知道嗎？到時候看你怎麼辦？」所以這個孩子很怕我！

因為有愛的存款，這個孩子常常打電話給我。有幾次他到臺東馬偕醫院精神科住院，我去幫他買臉盆等日用品，還問他想吃什麼？他說想吃麵包，還規定要巧克力口味的，我買了一堆帶去會面；愛的存款夠的話，你罵他、說他，他都不會生氣。

這個年輕人就是需要別人動聲色，提醒他不能做錯事，阿嬤九十幾歲了，是長輩呢！這一家現在被列為居家關懷戶，每次訪視，鄰居都說孩子變得比較乖了，對阿嬤也很好了。

我們都跟他說：「爸爸往生了，只剩你和阿嬤相依為命，如果對阿嬤好一點，姑姑常常回來，你就比較有人照顧。」我試著聯絡他的媽媽，問她是不是把孩子帶在身邊？媽媽說好，這對母子十幾年沒見面，慈濟人一通電話就團圓了，可惜孩子住不到三個月，不習慣媽媽的

管教，不能睡太晚，不能做什麼，自己又跑回臺東。

我在個案身上學到很多，學習放下人事物、學習主動接觸人群，學習身段的柔、剛、和……所以我很喜歡訪視看個案。

有人怕接太多個案，一下子照顧不了，我便鼓勵他們接下來，陪他們一起到泰源、海岸線訪視。比如有一位師姊，她上班比較沒有空，我們照樣幫忙看，原本我差不多有四十來件個案，曾經也有過六十幾件，但是我一點也不怕，最主要感恩團隊裏還有邱清豐師兄、李美玉師姊、許阿琴師姊，還有我家師兄劉文瑞。

我們團隊分工合作，看個案的時候，美玉師姊會去問左右鄰居，所以我們才能很清楚個案的生活狀況，而且用自己的需要評估，我能很節儉地過活，相信個案也能生活，除非個案重病，就要額外評估；有一個很好的訪視團隊，所以我敢承擔那麼多個案，走遍臺東縣，這是我最感恩的。

我常常說做慈濟就好像出去玩，人家都以為我很外向，其實從年輕時，我就不喜歡串門子，家裏生意那麼忙，哪有時間？我那麼喜歡講話，只有在慈濟才有機會，訪貧可以滿足我喜歡四處走走的感覺，或是想在訪視途中野餐，事先也可以煮好餐點。

我從來不會羨慕出國玩的人，做慈濟就是來休息了啊！人家都問我：「你怎麼都不出國？」做慈濟就讓我

過得很快樂，不需要再出去玩，像來精舍做志工，只花車錢，那種享受，我不知道別人怎麼想，其實我是每做一次慈濟，就覺得像是在旅遊，我在慈濟世界裏很滿足，找到很多想要追的夢，尤其每天薰法香，我覺得上人說得這麼清楚：「能做就是福。」其實，上人的法一直是我做慈濟的後盾。

讀書才有機會脫貧

個案林阿嬤今年六十八歲，心臟不好開刀，有高血壓、糖尿病和尿道炎。女兒曾經和好幾個人同居過，未婚生下四個孩子。生完老大後，她跟林阿嬤說要和男朋友去外面工作，林阿嬤說：「好，你們去打拚，孩子我幫你們帶。」

後來兩個人分手，女兒沒回來也都沒打電話。直到孩子很會走路了，才回來看他，林阿嬤就罵她：「你一走就看不到，屁股拍拍都找不到人，不會想孩子嗎？」女兒說有時候會想孩子。林阿嬤跟她講：「最起碼也要打個電話。」

女兒推說沒有空，林阿嬤忍不住責問：「沒有寄錢回來，孩子怎麼辦？」

後來，女兒被抓去關，在牢裏生下老二，是個女孩。林阿嬤和孩子的爸爸到桃園看守所把小孩領回來，不久

孩子的爸爸往生了，林阿嬤接到女兒的通知，只好把孫女抱回家養。

老三還沒有滿月，就被女兒丟在柑仔林的部落那邊，鄰居來通知，林阿嬤嘆氣說：「怎麼會把小孩放在那邊？」下雨又冷，孫子衣服單薄，一直哭，林阿嬤趕快抱他回家。

林阿嬤說：「每個孩子都是這樣被對待的啦！」女兒在外面留下孩子，打電話要林阿嬤去接，自己沒有好好在家照顧孩子，一女四男都是林阿嬤在養，「這些孩子從來不知道什麼叫做母愛，都是阿嬤的愛，可不可憐？別人家有沒有這樣的孩子？」

講到這裏，林阿嬤的眼淚就掉出來了，她說：「我從來沒有把孩子丟給媽媽養，工作時揹著小孩，為什麼我的女兒生孩子，忍心丟在自己家門口，再也不回來？」

林阿嬤怕孫女的行為跟她媽媽一樣，本來叫她不要讀高中。「阿嬤身體不舒服，沒人陪我去醫院看病。」孫女一直想讀書，在林阿嬤的堅持下，只好勉為其難地說：「阿嬤好就好。」

後來，我勸林阿嬤要給孩子讀書，她心軟就答應了，為了交孩子的學費，都不敢花錢，我說慈濟會幫忙，她才答應讓孫女去讀書！之前好幾個老師來勸，慈濟師兄師姊也去講，她都沒答應，林阿嬤說：「女孩子沒有讀沒關係啦！男的讀書就好啦！女孩子反正要顧家裏，嫁

出去還要顧小孩，我是這樣想啦！」

離家前，孫女向林阿嬤保證：「阿嬤，我會聽話好好讀書。」她知道，其實是阿嬤捨不得她離家讀書，也不想要她離開。林阿嬤說：「只要她不學壞，乖乖讀書、聽老師的話就好了；這樣的話，我就繼續讓她讀書。」

林阿嬤跟孫女說：「這一年在學校如果有發生什麼問題，我會幫你辦休學，不給你讀了。」後來，林阿嬤跟我說：「這樣講好難過，因為我們家孫子不會在外面鬼混，放學回來就幫忙掃地、養雞、洗衣服，或者洗菜、煮飯。」

林阿嬤病痛很多，手麻沒有辦法拿重物，還有腳痛，每天早上、中午都要吃藥。「看看她能讀到哪裏，最好五年畢業；不過，我現在心臟不好，有時候會喘，呼吸不順，搞不好等不到孩子畢業。」

林阿嬤的孫子能順利讀書，是慈濟的社工周郁苹幫忙找學校，因為那時早已過了報名的時間，可是郁苹一句沒關係，努力去幫忙找，還是找到學校了。

後來，林阿嬤的兒子被車子撞到，法院要求開庭時必須要有律師代為辯護；林阿嬤打電話來求助，我趕緊問社工怎麼辦？郁苹說，法院設有免費的義務律師，她也幫忙找到電話。所以有社工在，隨時就能增加照顧戶對志工的信任，彼此信任，可以成就很多事情。

聽郁苹說，家扶中心的老師也想看看慈濟師姊有什麼

一兩八響，為什麼她講那麼多次，林阿嬤都不讓孫女念書，我講一下就很順利。我説：「哈哈，你們就是沒有了解我啦！」

我在原住民社區長大，爸爸帶我做生意的地方就是阿美族的村子，歐吉桑、歐巴桑對我很好，都很疼惜我，我知道怎麼和阿美族互動。林阿嬤一家是阿美族人，原住民有原住民的語言，我了解要怎麼比喻才能夠打動林阿嬤的心？

我對林阿嬤説，護理人員待遇不錯，如果孫女讀護理學校，以後才能幫助家裏；我也請林阿嬤不用煩惱學費，慈濟會承擔補助。第一學期的註冊費才繳兩百五十九元，住宿費還不用一毛錢，因為郁苹聯絡學校老師，告知家庭狀況，才知道校外有一棟弱勢家庭孩子專用的宿舍。

我們也擔心，住宿不用花錢，是不是學校管理不好？是我們幫忙把孩子送到學校的，學校管理不好，影響到孩子，我們也要負責任的。所以，那天志工、社工一起陪伴她到屏東的學校，幫忙到福利社採買臉盆、電扇等日用品，也才知道學校有安排交通車接送，宿舍也有舍媽，這才安心。

用生命走入生命，對方會認為你是生命中的貴人，角色對換，每一個個案也是我生命中的貴人。那一天，從屏東回到臺東已經是晚上九點多了，我們實在很累了，

但是好人做到底，還是開車送孩子回到泰源，讓林阿嬤安心。

報到的時候，我跟屏東的師姊聯繫，希望他們來認識孩子，以後就由他們接手陪伴。當天是屏東文華師姊與美貞師姊到學校，她們兩位是慈青社的窗口，鼓勵孩子在學校就可以參加慈青社。

林阿嬤非常感動慈濟人不只在家鄉陪伴她，孫女去到屏東讀書，還能給予陪伴與照顧；我跟屏東的師姊也在Line創了一個群組，讓林阿嬤可以清楚了解孫女的求學概況。

二〇一九年，臺東靜思堂環保志工歲末感恩圍爐餐會，蔡秀琴（左三）等香積志工用心料理，並祝福大家吃得開開心心。（攝影／劉文瑞）

我一直覺得，慈濟人做事情不能只做一半，上人也常常教我們，做事情一定要做到圓滿。

我經手的個案裏，家裏少了教育，父母沒給孩子上學，孩子失學就沒有辦法找到很好的工作。貧窮家庭的孩子，唯有繼續求學，找到固定工作，才能改善困苦的生活。

我一直覺得，窮人家的孩子一定要讀書，而且要學將來用得到的一技之長，我在花蓮慈濟醫院當志工，又是慈濟大學慈誠懿德會志工，照顧的都是護理系的孩子，念護理將來到醫院找工作很容易。

林阿嬤是二〇一六年四月開始接受慈濟幫助，她很信任慈濟，這是我要感恩的地方，還有那種激動就是，我真的看到了陪伴的力量，看到了孩子的未來。上人說要做別人生命中的貴人，那個貴人就是去陪伴需要的人。

有愛就不怕阻礙

當然，在團體中多少會遇到是非，這個師姊怎樣，那個師兄怎樣，氣死人也沒有用！現在我只會嘴巴上念一念，心裏根本沒有留下任何痕跡，如果要回嘴，我會說得很強勢：「慈濟又不是你的，要不然你搬回家，放得下嗎？如果家裏放得下慈濟，我就聽你的。」

自我反省，就心開意解了，慈濟又不是任何人的，為

什麼我不去配合？這就是因為習氣！這樣一想，我就釋懷了，所以，做慈濟要有法，一定要有上人的法，其實，任何人都沒辦法讓你不做慈濟，而是自己要堅持。

我一直覺得，訪視個案不只可以和一個生命互動，最主要還可以培養負責任的生活態度，今天志工有沒有責任感，就看輔導個案的方式，彼此互動有沒有從一而終、有沒有發自內心關懷，還是說拿到個案資料，就去看一看，補助多少問一問，就發補助，不是這樣的！

我會想到，如果我是對方，會需要什麼？會要求什麼？我是苦過的孩子，最不願意的就是人家用不尊重的態度施捨，那不是我想要的。

和照顧戶互動，是我每天在做的功課，有時候看個案資料寫得很嚴重，這個人有精神問題，要進大門前，我就得開始想要用什麼方法？我會想到上人的話：「就是愛而已！」就是把愛帶進訪視，那一分關心的出發點就是愛而已，愛能包容一切，一定行得通的。

像我把一個個案的補助停掉，也沒列入居家關懷戶，到現在有一年了，半個月前，她還寄了兩大箱的木瓜到臺東聯絡處，種木瓜、宅配，都要錢呢！有時候玉蜀黍收成就寄玉蜀黍，種什麼就寄什麼，這就是因為在互動中，有讓對方感受到我們真心的關懷，真心對待，這就是愛！

以前做生意，一定要笑，但那是假的，為了賺客人的

錢，笑到後來臉都僵了；進了慈濟，我就覺得過去笑得不是很真誠，後來人家問我：「秀琴，你怎麼笑到讓人家看到就很歡喜？」笑是要學習的，我以前常常對著鏡子笑，怎麼笑起來臉僵硬的不好看，有一天看到發自內心的笑容，我才知道，從內心笑出來，真的會很快樂。內心感到快樂，笑容就不一樣了，笑不用花錢買，也不用花時間，嘴角上揚一下，從內心看到對方真的歡喜，會很輕安，感覺很好，就像在飛一樣。

我有過憂鬱症，那段時間如果沒有慈濟的話，可能就是在路上遊蕩，慈濟讓我有個依靠，我相信只要好好跟著上人，一定能克服憂鬱症的困擾。我沒有什麼可以回報給上人，只有認真做慈濟，其實認真做慈濟，是自己學到很多事情，放下很多執著，利益的也是自己。

認真做慈濟不是來求保佑，上人一直說，做好事無所求，那是有道理的，有所求的話就會計較，不求回報，心就不會退轉了。

現在並不會覺得做善事有功德，其實都是本分事。就像以前我去環保站，想說回收怎麼分類，就暫時忘記很多苦惱的事，今天忘記十分鐘，再加明天的十分鐘，再加後天的十分鐘，加到後來，就會不藥而癒。時間累積，聽法也要累積。

做到後來，很多事情就會放下，很多煩惱就不見了。其實全心投入是很快樂的，就不會想那些有的沒的，不

會想説要得到什麼。

情緒穩定不衝動

二〇一七年，上人重講《法華經》前，停了三個多月，那些日子我很不好過，因為每天聽開示，突然停了，好像少了一樣東西。

薰法香抄筆記，我都有記錄重點，其實是在學上人説話，雖然沒有辦法記到每一句，但是上人的話很好，在抄寫當中學講話，跟人家講話自然就會文雅，不然以前我比較直接，解釋事情的時候，講話比較粗俗。

上人開示時也常常考試，所以，聽上人開示，不是抄一抄就沒有事了，我也會常常拿筆記出來複習，因為字跡很亂，要再抄過一次，如果不抄完，那就是聽了以後從耳朵進去，從手心出來，回來再看一次，抄到筆記本，這樣就會比較有印象。

上人教我們的都很正面，每天一、兩句牢記在心，付出當下就會有那種發自內心的真誠，讓我們幫忙的人也不會覺得自己很卑微，這種互動很重要。

上人最近都在講「六度萬行」，以前我都單純的一直念布施、持戒、忍辱、精進、禪定、般若那幾個字，上人説如果沒有感恩心，就會止在「五波羅蜜」，最終目標要達到「六波羅蜜」的境界，也就是在付出的當下要

體會到對方的需求，仔細判斷，那就是生智慧了。

我不知道講得對不對，但那就是上人對志工的一個期許，就是一定要用感恩心對待受助者，不只是布施，還要有智慧。

上人常說：「沒有法就沒有辦法。」有法才知道用什麼方式對待別人、跟人互動，以前我是得理不饒人，理直氣壯的，一強勢起來，想到上人說：「入如來室，著如來衣，坐如來座。」「如來衣」就是忍耐，「坐如來座」是要在法裏面自然而然度人。

剛進慈濟，就是這兩句話：「理直要氣和，得理要饒人。」讓我慢慢地了解，如果要做上人的好弟子，真的就是要用這兩句話慢慢改變自己。

可能我是老大，爸爸都說：「你是最大的，要照顧好弟弟、妹妹。」如果有人欺負家人，我一定把對方轟出去，保護家人就養成強勢的個性，我的膽是因為爸爸的期許養出來的。

古時候俠女路見不平，一定拔刀相助，我常常覺得自己是個俠女，有時候看到比較弱勢的人，就想要保護弱者，挺身而出的結果，往往把事情弄得更糟。後來我學到有話慢慢講，不要衝出去就開罵。

聞法、聽法讓我知道人生的方向，學到很多做人處事的方法，以前不會檢討自己，罵人不怕輸；現在一衝出去，馬上就反省剛才的行為是錯的。

每天遇到很多不同的人，我都跟佛菩薩說：「讓我情緒穩定一點，不要那麼衝動。」其實那就是自我反省，學著疼惜弱勢、幫助需要的人，希望人家擁有尊嚴，那種心情不是憐惜，而是同理對方，分享自己喜歡的東西，那才是真正的尊重。

○ 訪問：林厚成、江淑怡、陳芝安、謝欣志
○ 記錄：林厚成、陳芝安、陳夢希、江淑怡
○ 時間：二〇一七年九月二十四日、二〇一八年四月二十七日、六月十五日、八月十三日、十月十二日
○ 地點：劉宅、臺東靜思堂、臺東縣東河鄉泰源村林阿嬤家

用愛回甘
為什麼做訪視

見苦知福，幸福的人一定要幫助苦難人。

————陳瑞凰

主述者簡介 —— 陳瑞凰

一九五三年生，曾擔任會計，二
〇〇七年受證，委員號二六〇〇
五，法號慈瑞。長年承受病苦，因
病開啟慈悲門，與丈夫徐連松、小
姑徐士驊是事業好夥伴，也是志
業好搭檔，擅長於醫治照顧戶們的
「心病」。

一九五二年爸爸在臺東初鹿買地，我們全家從嘉義搬來，當時媽媽已懷我五個月了。爸爸曾經生活在「金山」的環境中，從小到大我沒有吃過什麼苦。後來家境變差，不是因為爸爸經商失敗，而是大伯父不慎開錯了支票，欠錢跑了，這筆帳就由爸爸承擔。

　　那段日子，爸媽很辛苦，扶養阿嬤和五個兒子、一個女兒。哥哥們註冊時，爸爸還曾經拿西裝去典當。但是爸媽一直把我當寶貝，連個碗也不讓我洗，都說只要我快快樂樂，他們就很高興。所以，我那時不知道什麼叫做苦。

　　一九七一年，我十八歲從臺東商校畢業，在一間山林木材廠當會計。爸爸做黃豆食品加工的生意，要找水質比較好的地方，全家又搬到屏東，留我一個人在臺東。

　　當了六年會計，從小就很疼我的奶奶，一直問寶貝孫女：「為什麼不回屏東？」我對她說：「可是老闆說沒有我不行。」奶奶說：「沒有這樣的，我沒有把孫女賣給他。」

　　爸媽的辛苦，我都看在眼裏，出社會後就有一個心願，一直想要給爸爸、媽媽和奶奶過好日子。在木材廠

工作時，月薪三千塊，我只留一百塊當生活費，其餘都交給媽媽。二十三歲那年，我辭掉工作從臺東回屏東，在自家的黃豆食品加工廠管帳。回去沒有多久，奶奶就往生了。

　　到二十九歲前，我都在家裏拚經濟。三十歲時有人介紹對象，我還是覺得，等家裏債務還清了再結婚。直到家裏經濟好轉，買地開工廠，我才比較放心，就說：「好啦！」可是我向媽媽開了一個條件，如果到三十五歲，相親還找不到對象，就不嫁了。

　　三十三歲，同學介紹臺東市的一個上班族，結果媽媽說：「嫁那麼遠好嗎？不然看看也好，萬一你三十五歲不嫁了，人家都說我把你留下來做老姑婆。」

　　我沒見到那個上班族，卻認識了徐連松。那時徐連松三十四歲，開鞋店賣黑松皮鞋，長得帥帥的，加上爸爸的觀念是女兒不嫁不好，就這樣成事了。

　　後來，兩人慢慢地熟識，為了結婚而結婚，也

一九八六年，陳瑞凰與先生徐連松結婚照。（照片／陳瑞凰提供）

沒有什麼感情。

已經談到訂婚了，我去了徐連松家，看到他們用灶燒火，回來就哭說不要，我不會用木材燒飯。爸爸說沒有關係，婆婆以後會教。嫁來臺東後，因為皮鞋店空間很窄，我常常撞到瘀青，哭了半年，才慢慢習慣。

一天到晚病懨懨

一九九〇年鞋店沒開了，我們改開素料行，當時還沒有吃素較環保的觀念，純粹是為了營利賣素料。那年生了老三後，我常常暈倒，去國軍八〇五總醫院臺東分院檢查，發現有先天性心臟病。

醫師說，三條大血管中，有一條縮著，一緊張就會刺激到。因為都病懨懨的，我很鬱悶，差不多四十二歲時病情最嚴重，三個孩子全交給奶媽帶，每一個都帶到三歲才回來，再由小姑徐士驊幫忙帶。

每年母親節，孩子寫卡片就是祝福媽媽身體健康，從小到大就是這一句話。小孩怎麼長大，我真的不知道，恍恍惚惚過日子，一碰到事情緊張，受刺激就會暈過去，甚至有過三個多月沒有辦法講話，非常嚴重。我生病的時候，小姑像特別護士一樣幫忙翻身餵飯，無微不至地照顧我。

剛開始，先生跟小姑把照顧我這件事「包」起來，不

想讓公公、婆婆、爸爸、媽媽擔心。公公很關心我的病情，可是有時候來店裏沒看到人，也會不高興，他覺得店開了就要認真看店。

公公和先生都很節省，就是鄉下人有一角存兩角，甘願賠利息買房子，那種心態事實上很辛苦。

公公、婆婆常常來店裏，我不是出去當志工、或不舒服在睡覺，就是發病住院，我家的素料店好像「雨傘」店，說收就收。

公公雖然會罵人，但是從來沒有罵過我，就是偶爾在背後埋怨一下，都是婆婆告訴我：「你公公都在後面罵皇帝。」因為公公、婆婆都很疼我，我很善解地對婆婆說：「他沒有在我面前說就好了。」

事實上，來店裏買素料的十個人中，有七個是一貫道的，其他三位習慣在初一、十五吃素。那時候我也沒有吃素，直到二○○一年婆婆罹患大腸癌，先生、小姑和我發願為她吃素、誦經，就持續至今。

有一次，我帶孩子回娘家時，火車剛到太麻里站，我就暈倒了。車長把我送上救護車，車子行駛晃動，我好像有醒，知道自己在車上。沒有大礙後離開醫院，回到屏東，兒子跟外婆說：「我們有坐救護車，好像雲霄飛車喔！車子開好快，好好玩喔！」孩子們並不知道媽媽的狀況。

那時，我深深感受到生病的無力感。因為長期看醫

師，囤積很多安眠藥，有很多次我都想要吃了一走了之，可是每次就是走不了，看到小孩又捨不得，回想起來，自己可能也是因病苦而入佛門。

老師接引入善門

說起慈濟因緣，應該要提小學老師陳貴美，她是慈濟榮董，看到我身體那麼不好，建議我要出來當志工。跟貴美老師的緣真的很深，從小學一年級開始，她就很疼我，都選我當班長，吃飯常常也一起吃。

長大後，我結婚生小孩，住在臺東，一直都跟貴美老師保持聯絡，我的孩子都叫她阿嬤。老師知道我生病，在家裏常常暈倒抽筋，時常會來幫我；我在寺廟住了好一陣子，老師也來看我。後來，貴美老師身體不適都是我在照顧她，直到她被孩子接回臺北內湖。

貴美老師是教聯會志工，那時候師丈不贊成她太投入，因此不方便收善款，要我將善款繳給我的鄰居鄭怡慧師姊。

因為身體不好，我想要為自己植福，當時慈濟要蓋醫院，感恩能參與發心。因為生病踏不出門做志工，起初我只是布施金錢而已，貴美老師來募病床、買環保車或辦義賣，我通通認捐，但沒讓先生知道。

一九九六年，貴美老師提到好多人去花蓮慈濟醫院做

志工，我問她：「我可以去嗎？」她說：「你這個樣子，人家還要照顧你。」生病真的很苦、很苦，我的狀況也真的是起起伏伏啦！

我在地藏王菩薩面前發願，只要不病懨懨地躺在床上，可以站起來，就要去幫助人。

有一陣子，果真比較好些，發願了願，我向貴美老師報名醫療志工，第一次去就做六天。那時候被公公念，身體才比較好而已又亂跑。

第一次做醫療志工，我在靜思精舍分享自己心臟不好，上人轉過頭來看我、關心我，要我照顧好身體，趕快回來做志工。上人的鼓勵帶給我一股力量，暗自決

陳瑞凰與她的小雞們──徐士驊（左一）、王麗華（左二）與王麗珠。（照片／陳瑞凰提供）

定，等身體好了，就要回來慈院當志工。

　　那時，在精舍的觀音殿聽上人開示，我哭個不停，隔壁師姊推我一下，才發現自己在哭。她們說，我就是見到自己的主了。師姊這麼解釋，我也聽不懂。我家沒有宗教信仰，沒有跑道場學佛，爸爸只是安奉一尊觀世音菩薩在家，旁邊放上祖先牌位，拜拜而已。

　　上人常說，如果上輩子做得不對，這世受報就要歡喜接受，若不高興接受，要再加利息。有人欠錢淪落街頭，這就是因緣果報，這讓我想要做志工布施。有得吃、有得穿、有得住，我聽進上人的法，做志工還願，我真的很有福報，那時候可以安心睡覺了。

　　雖然身體做不了主，我還是咬牙忍住。我做慈濟回來總是滿臉笑容，好像只要去做醫療志工，身體都沒有事；如果天氣變化，比較久沒有去，又開始不舒服了。最後，公公也很無奈說：「要去就去啦！」

　　早期我到長濱訪視，親眼看到人家的苦，才知道自己有福報，只是生病而已。上人說：「布施而沒有力行，沒有體悟。」像九二一地震時，先生也有去中部區災蓋組合屋。我們參加義賣，都盡量從店裏搬東西，搬多少賣多少，全數捐出。

　　歡喜做慈濟，並回向給冤親債主，如果現世能夠像這樣還，我已經很高興了，也求上人助我一臂之力，讓這條菩薩道走得比較順。

現在可以安心睡覺，人家都問我：「安眠藥吃很多？為什麼現在很好睡？」因為，上人說：「涅槃不是往生，涅槃是有一顆清淨寂靜的心。」從這以後，我知道怎麼學習菩薩道，二〇〇七年受證，開始承擔訪視工作，真的是見苦知福，讓我體悟很深。

　　生病算什麼？生病時，我吃一吃藥就去躺著，起來再做，把握當下，力量是這樣來的。

　　現在，我感覺自己的業障一直消了。後來，人家推薦小姑徐士驊做訪視幹事，我從旁硬把她推出來，她說她不會，我說學就會了。

見苦知福轉心門

　　還沒有受證前，精神體力好的時候，我就開始跟隨鄭怡慧師姊去訪視了。後來開始自己主責案本，訪視、關懷照顧戶到現在也十年了。印象最深的就是去長濱樟原，有一個原住民搭帆布，煮飯、睡覺、生活都在裏面，我說：「這個日子怎麼過啦！」我們幫他到長濱找房子，讓他在那裏租房子住了下來。

　　另外一個個案有房子，可是屋頂瓦片都掉了，屋主太太精神不穩定，嚴重到會拿刀子，她的孩子當時才八個月而已，怎麼好好長大？我一下山，就打電話給楊重源醫師，詢問像這種病人，該怎麼辦？

楊重源醫師原在花蓮慈院服務，因為爸爸往生，他要回家鄉陪媽媽，就轉任臺東馬偕醫院身心醫學科。他說：「最好帶病患下來，不然沒有辦法確診。」我們連哄多次，才把這個個案送醫住院，住了兩個月，病情就得到改善了。

長濱鄉周秀有師姊也是訪視志工，提報一個個案，家裏有三個孩子。我們到長濱山上關心孩子，長期下來，看到孩子都很懂事，真的很欣慰。後來，這家人獲得各項社會資源補助，加總下來一個月有三萬多，我們就停發補助金，列為居家關懷戶。

二〇〇九年莫拉克風災時，慈濟人一戶戶安心家訪普查後，將許同學一家列為居家關懷戶，因為他們家有兩個人在賺錢，只是居住生活品質不好。風災時，他們被困在原本住的地方好幾天，全家都怕到了，決定搬出來，借住在許媽媽娘家附近，跟農會租的房間。

這房間會漏水，我們問過農會，表示沒有辦法修繕。許同學和姊弟三人擠在小小房間，我們能做的就是幫忙找適合他們住的房子。

許爸爸和許媽媽在採茗葉，要有空間放。那時候，孩子沒有參加課輔，就是在田裏幫忙。我看他們這樣，總是一直想，如何幫忙解決他們的生活問題。我很用心地找房子，帶他們去看，如果喜歡的話，就跟房東簽約，結果都沒有找到合適的房子。他們也是考慮到租金，我

說沒有關係，慈濟可以幫忙補助，讓生活品質好一點，小孩子那麼大了，不好還擠在一個房間。

從莫拉克風災後陪到現在，已經快要十年了。那時候許媽媽懷最小的孩子，小孩出生後，我從小抱到大。因為賺不到錢，許爸爸不再執著採荖葉，已經去做工了；兩個孩子在軍校念書，有固定薪水，生活愈來愈好了。我們都鼓勵許媽媽，趕快存錢，債務還清了，貸款買一棟房子。

我們要有同理心，輔導案家，直到生活改善；一個家庭漸漸提振起來，那分歡喜心，自己知道就夠了。

慈濟志工陳瑞凰等人定期前往臺東縣東河鄉泰源國中，關懷陪伴部落的弱勢孩子們，寒暑假期間則補助青少棒隊物資及餐費。（攝影／郭鴻興）

還有一個王太太，患有心臟疾病，與兒子相依為命。兒子本來在飯店做房務，後來生病沒辦法工作，幸好老闆人很好，安排他接聽電話，母子倆住在那家飯店的套房，我覺得這樣也不是辦法。

　　有一天他打電話來，說有找到一間房子，環境乾淨空氣又好。我說：「這對你的病情有幫助。」他說：「不過，我沒有錢，沒辦法負擔。」我說：「沒有關係，我去看了以後再說。」結果，他租下那間空房。看到案家生活比較好過，我也很高興。我真的不會形容這種感覺，就是很高興看到案家生活變好。

　　當然，也是有輔導失敗的個案，整天喝酒，家裏生蟲也不整理，我邀請一組志工差不多將近二十人去幫忙清理他的住家，還把我們家的床送去，讓他安心住。這是楊重源醫師的個案，提報給我們關懷。

　　個案沒有工作，我就介紹他去環保站做回收，一開始每天給兩百元吃飯，但後來朋友又找到他，把那兩百元拿去買酒，我就改方法將錢寄在自助餐廳，吃多少我再去結帳。因為我覺得他一定會好起來，就沒有提報長期照顧戶。

　　碰到這種個案，真的我也會難過幾天，但還是繼續做訪視，有苦的人真的要多關懷。要是問說為了什麼訪視？我想就是見苦知福，我們比別人還要幸福，一定要幫忙別人。這種時候都沒有想消業障的問題，一直覺得

就是要去做，病也還是起起伏伏，現在比較好了，做的
只會更多。

病有起色真感恩

有好幾次，上人問我們：「臺東菩薩招生真的這麼困
難嗎？」當時，我的座位離上人最近，我向上人報告：
「臺東寺廟很多，人口又少。」上人說：「我們要用智
慧廣招菩薩。」

我明白上人希望我們努力招募志工。因為在店裏跟人
家介紹慈濟，我會很不好意思，怕影響到生意，心裏有
所顧慮，就比較不會去表達，但也慢慢在上人的法中，
找到力量與方法去突破。

上人的法帶給我的力量真的很大，「福從做中得歡
喜，慧從善解得自在。」很多法語都是讓人從做中體會
人生，像我有慢性心臟病，幾乎是累生累世的業報，就
會有心發願做醫療志工。我的病情起起伏伏，吃太多
藥，連手都變形了，醫師說已經尿毒要洗腎了。西藥只
是緩和症狀，病要好，很難啦！

在關山慈濟醫院遇到中醫沈邑穎之前，真的很辛苦，
經常恍恍惚惚，沒有一顆清楚的頭腦，別人沒有辦法體
會我那種無力感。沈醫師說，我一看就是心臟比較弱的
人，心臟是很重要的器官，如果沒有照顧好，是會危及

生命。

她說，中醫在治療心臟方面是很好的，而且沒有什麼副作用。經過她多年的治療，我現在呼吸都很順暢。身體能有沈醫師這位大菩薩醫治，真的太感謝了。

抱持著一分感恩心，每次我去看診前，都會先問醫護同仁用餐人數，然後煮個四菜一湯帶過去，數年如一日，包括新進的醫護人員也都吃得很開心。因為沈醫師給我一個「好心」，可以好好地呼吸，送餐是感恩沈醫師的這分溫暖。我覺得人與人都是相互的，一分善緣會產生更多善緣，我們就是跟著上人的腳步走就對了。

沈醫師常說，她自己也是跟著上人走。她覺得醫師的

二〇一八年底歲末祝福，陳瑞鳳親切招呼、攙扶前來參與的民眾。
（攝影／王麗珠）

角色只是推手，最重要的是病人願不願意保養、照顧好自己。醫師稍推一把，加上病人配合，病人的身體就會健康了。如果病人本身不注重健康，不自己照顧身體的話，醫師怎麼推都沒有用。

在沈醫師的鼓勵中，面對身體的病痛，我就很努力，也比較願意照顧自己，要把自己的身體變成是有用的資源，回饋社會、回饋慈濟。如此，醫療才能產生效用，否則只靠醫師是不可能的。沈醫師是大醫王，治療身心靈，她的話我聽得進去。

沈醫師很用心、也很客氣，都會帶我去晒太陽，像一家人一樣聊聊天、開開心心。她用感恩來鼓勵我們，說是師兄師姊的精神讓她感佩，為了一個善念，不顧身體狀況往前衝，大家好像是為了一個使命，自然而然就這麼做。

我手腳本來不靈活，沈醫師慢慢把我調好，現在做環保就像在復健一樣。沈醫師對我的狀況非常清楚，告訴我，自己的信念是最重要的。像有時候天氣變得很快，她稍微幫我針灸一下，提醒我要穿暖喔！看我的臉有沒有變紅，如果蘋果臉出來，她就會擔心了。她教我早上起床看看，如果發現臉頰變紅，那就是心臟多做工了，叫我記得要穿暖一點、多喝溫開水。真的很感恩沈醫師，我現在頭腦清楚，手腳比較有力氣了。

現在，孩子事業穩定了，也都會投入當志工，回家也

會幫忙做環保。他們都很高興地表示：「只要媽媽做慈濟，健健康康的，就是我們的幸福了。」

法門無量學不完

素料店的生意真的很忙，一個人根本顧不來。忙的時候，小姑就在櫃臺看店，先生和王月英師姊忙著補貨。月英師姊原本是店員，後來也受證慈濟委員，遇到大月就再請工讀生，店就是這樣運作。

當然我們每個人都很想出去，去外面結善緣，不是很好嗎？又可以學習不同領域的知識。我身體較好之後，就常出門做慈濟，先生還是在顧店。做生意是賺世間財，現在要去了解功德財，那個才是真智慧。

先生也會想要學習第二語言，再去參加國際賑災，但這只是他的計畫而已，能不能達成理想還不知道。如果有的話就參加，沒有的話就回到本地做，做一些該做的事情。

以前，小姑還沒有承擔訪視幹事的時候，都是先生出去訪視；她接訪視幹事後，這四年來就都她出去。先生知道我和小姑出去，都是在做慈濟，也是很體諒我們。有一次，差不多三個多月連續多天不在家，他都要吃外面，外面吃不習慣，就在家裏隨便找個東西吃一吃。

臺東是觀光地區，急難事故比較多，觀光客不管是往

生還是受傷，很快就會轉走。所以，確定個案轉院的訊息，小姑的協助就告一段落。

慈濟的領域真的很廣，法門無量學不完，心也要無量，多方面接觸就多了解。先生已經六十七歲了，說實在也是要把握健康的身體，能做盡量做。

有時，小姑和先生也會為了能不能出去「做慈濟」而稍有不愉快，先生會說：「我都沒有出去訪視，怎麼可以。」所以，我們會調配出時間，讓先生可以去做環保。他把環保點顧得很好，他認為自己承擔幹部、窗口，一定要盡到責任。先生出去做環保，小姑就一定要顧店。

臺東市慈濟志工動員為照顧戶李阿嬤打掃雜亂住家前，先由陳瑞凰與徐連松代表前往溝通。（攝影／劉文瑞）

我們三個都有年紀了，也都是慈濟人，比較會相互體諒，先生也能體諒訪視真的很重要，小姑沒有去做不行。而且小姑又很有責任，她承擔訪視，我是給她按讚。不過，她都很客氣說：「沒有啦！都是團隊啦！一個人沒有辦法，出去也都好幾個人。」

事實上，我們要感恩月英師姊。我們三人如果都出去，就是月英師姊幫忙顧店，我們三個做慈濟回來，都會分享碰到的事情。

家裏有一個病人，真的很辛苦。他們兄妹二人認為，我如果可以出去做志工，就是表示身體健康。

小姑跟我說，健康就好，以前的「雨傘店」，他們還會怕。她常鼓勵我，說我進步很多啊！以前我需要被照顧，現在是回饋社會。我真的很感恩小姑，我是回饋她、回饋社會。

晨起薰法調習氣

我和先生、小姑從二〇一二年十月底，凌晨三點四十分晨鐘起，到臺東靜思堂薰法香，幾乎沒有中斷。如果我回屏東老家或感冒嚴重沒去，就是他們兩個去；如果小姑有事不能去，就是我和先生去。

以前，為了顧店、為了生活，我們三個也免不了吵架，薰法香後慢慢就知道要改脾氣、口說好話。後來，

發脾氣的時候，就會想到薰法香時，上人開示了什麼，大家收斂，就比較沒有聲音了。我會說，上人的弟子啊！不要那麼大聲，這一招很好用。

天天薰法香，真的會一直警惕自己，上人那麼殷勤地開示教導，我們很感謝上人。

因為早起怕打瞌睡，通常我都站著顧店做生意。如果有大型活動，就關店一起投入。熟客都知道我們在當志工、做資源回收，有的客人問：「你們要休息，不賺了嗎？」有的客人說：「他去做功德載回收啦！」

有時候店休一個上午，有時候一、二天，大部分一天比較多啦！不一定。有的道場辦活動，幾乎隔兩天就來買一次。有時候沒有服務到從富里、大武、太麻里、關山、池上來的客人，就比較抱歉。

以前身體實在很差，我都會想自己應該活不到六十歲，現在我已經快要六十六歲了，所以能夠張開眼睛醒來的每一天，對我來講都是多出來的，我很珍惜每一天的時間，可以聽上人的法，做幫助別人的事，跟別人結善緣。我也發願，要一直這樣做到生命的最後一天。

【徐士驊談訪視】耐心輔導長智慧

臺東現在真實的情況就是年輕人外流,老年人跟小孩子留守。年輕人回來很多都是因為生病,在外面沒有辦法生存就回到臺東,家裏沒有辦法負擔,就會變成慈善機構的個案,慈濟就關懷不少這樣的案家。

臺東志工的訪視個案,以單親、獨居老人、孤兒居多,其中原住民也占了很大的比例,感恩有很多社會資源一起協助這些弱勢族群,包括中華民國原住民族委員會、臺東縣政府社會處,還有家扶基金會、臺灣世界展望會。

很多離婚、未婚或同居的單親媽媽都很年輕,像有位媽媽二十七歲就生了五個小孩,有好幾個小孩的個案太多了,要培養正確的生育觀念並不容易。而許多獨居老人其實是有子女,但就是沒有孩子提供照顧,要聯絡也沒有辦法,因為孩子就是離家不回來。

社會道德觀念不斷在轉變,價值觀的問題,或許覺得遺棄父母親沒有什麼。這就是上人憂心的「社會病」,社會病呈現在臺東這個區塊,受災戶就是小孩和老人。

通常社會教育不容易,我們到成功、長濱山上訪

視，走進村莊，遠遠地就看到整條路一堆人都在喝酒。車子開到個案家，剩下阿嬤一個人，其他人都跑光了。因為知道我們會勸說，年輕人不想聽，就叫阿嬤站門口等。

真的不容易啦！其實個案受苦，我們也很不捨，還是要幫！我們都想說，幫了再教育，但是教育真的要有耐心，也不能計較成果，計較就會做不下去。度個案做環保不容易，度戒酒戒菸更不容易。我們請個案不要再生了都沒有用，每次個案生小孩，就去關心、提供急難救助。因為媽媽的觀念、行為會影響到孩子的成長，通常我們都會請社工列為高風險家庭，由社會局協助安置。

看個案真的要用智慧，通常我們看個案，不會馬上提報，得放個三、四個月，如果申請急難補助三個月，志工就是陪伴三個月，跟個案有愛的存款，個案才說得比較多，也會講得比較真實，就是這樣慢慢評估。這個不容易，也是成長自己的智慧，入人群才可以長智慧。

我最大的成長是見苦知福，因為沒有了解別人的苦，不知道怎麼樣處理苦，也不知道苦的原因。

很多個案示現，看到就會想去查明什麼因造成什麼果。個案就是讓我們長智慧，所以是「感恩戶」，感

恩他給我們開智慧，也讓我們知道碰到這類個案的處理方式。

我們聽到個案很苦，就會替他想辦法，給很多建議。旁觀者清，就長智慧。活在一個小家庭其實沒有什麼智慧，也就是兩、三個人生活簡單。看到個案各式各樣，就示現苦到底有多苦，種種原因造成苦，都在警惕自己。

做慈濟最大的收穫就是入人群與人相處，朋友多，碰到事情會處理，而且看得開、比較快樂，跟案家也會有感情，人生很豐富。上人說換跑道就是休息，家業加上慈濟才會很充實，像師兄師姊聚在一起，那就是志同道合的人走在一起，氛圍不一樣。

我五十六歲了，第一希望照顧好身體，第二就是把慈濟做好、充實自己，做好慈善，再去國際賑災，培養智慧也是修身養性，在不一樣的區塊增長智慧。因為要改進的地方很多，慈濟是一個很好的道場，別的道場也沒有這樣的環境。

【許媽媽有話要説】感恩陪伴，孩子沒走歪路

　　莫拉克颱風還有尼伯特颱風的時候，田裏固定石頭的鐵線被風吹斷了，石柱整個抬起來，荖葉的藤全部被拉起來倒地，就沒辦法了，還要重新整理。

　　兒子看到後説：「媽媽，真的慘不忍睹，莫拉克風災剛整理好而已，現在尼伯特又來，又要重新整理了，很累。」

　　我們是算月採的，一個月差不多兩、三萬塊而已。只要不遇到天災，生活算是過得去，我們生活簡單，這樣就滿足了。

　　記得莫拉克颱風來臨前，晚上都沒有動靜，只有風而已，風很強，沒有下什麼雨。我還從太麻里打電話回臺東給叔叔，請叔叔幫我看一下家裏。叔叔説：「臺東又沒有風雨，幹嘛要看？」這塊地是國有財產局的，婆婆家跟國有財產局租地，然後在這邊蓋房子生根。

　　結果那天晚上，婆婆説水壩已經暴漲了，叫小叔趕快來帶她離開。我以為只有溪水暴漲而已，就請先生去太麻里買米，先生説：「路不能過了，怎麼買米？」我説：「哪有可能。」先生帶我到山上看，整

個潰堤變成扇子型。後來村長來趕人，全部撤到香蘭國小。

莫拉克風災後，小孩繳學費有點困難，有人告訴我問看看慈濟師姊能不能幫忙？我找到在太麻里做回收的張鳳蘭師姊，打電話給她。她問我孩子的戶籍在哪裏？我說在臺東，於是她幫忙轉給臺東的師姊，瑞凰師姊、士驊師姊才來我家關心。

這一路來，慈濟補助過兩、三次，真的很感恩她們陪伴、鼓勵我們，幫忙關心孩子。這樣差不多快十年了，很感恩她們都沒有缺席，小孩也已經當兵了。像這次尼伯特颱風，家裏窗戶被風吹破掉了，她們也有打電話來關心，問我有沒有需要幫忙的？

我很感謝瑞凰、士驊師姊，都是她們在教導我的孩子，如果沒有她們教導，孩子不曉得會變成怎麼樣。她們都很耐心、很細心地解釋給孩子聽，不像我們粗人講話暴躁。瑞凰、士驊師姊都會鼓勵孩子用功讀書，領新芽獎學金幫助家裏，不然家裏很困苦了，還想要貪玩跟廟會。她們講的話，孩子有聽進去，一段時間後，就沒有再去廟會了。

姊姊也是一樣，也去當志工，每次慈濟有手語活動，都會參加。兩個孩子都是師姊幫忙照顧得很好，讓我沒有煩惱。目前孩子在當兵，有拿一半的薪水幫

助家裏，生活慢慢可以改善了。我不求什麼，只要孩子聽話、平安，女兒、兒子每天打電話報平安，這樣我就很高興了。

○ 訪問：陳芝安、謝欣志
○ 記錄：江淑怡、陳芝安、林厚成、何予懷
○ 時間：二〇一七年九月十六日、十二月七日、二〇一八年八月
　　　　十三日、十月十二日
○ 地點：臺東關山慈濟醫院沈邑穎醫師門診、慈泰素料行、臺東
　　　　靜思堂、個案許同學家、臺東市秀泰影城環保點

守護池上
傳心法

募款的重點在募心，戶數只是付出關心的一個目標。
————潘美珍

主述者簡介——潘美珍

一九六三年生，經營服飾店二十多年，二〇〇七年加入慈濟後，以訪視工作為生活重心，踩著一雙白布鞋訪視貧病，常常穿行池上的大街小巷，關心無依孤老；勇於承擔各項工作，獲得「兩百分師姊」、「兩百分司儀」的美稱。

小時候家裏環境沒那麼好，幫助別人的時候，也不知道為什麼會那麼開心，但爸爸常說，吃一口飯，分人半口，將來也許我們遇到困難的時候，人家也會伸出手來幫忙；開口求人是多麼困難的事，人家如果有開口，就表示一定很困難，我們有能力就要幫助他。不然的話，就要主動關心：「你需不需要幫助？」爸爸這樣教，很有道理。

　　我從小就是手腳俐落的人，小時候，我爸爸說慢一點，不然人家都跟不上你。我說每次什麼工作都是叫我做，又叫我慢一點，怎麼慢一點？弟弟、妹妹那麼多，慢一點等一下又來不及煮飯了，又一堆工作了，能做就幫媽媽的忙，盡量讓媽媽休息，所以動作就很快。

　　因為從小要幫忙做家事，不只我，妹妹的動作也被訓練得很快。爸爸很信任我，家裏的工作都讓我做，我十三歲就很會理家了，爸爸都尊重我的意見，由我決定，我過得很開心！

　　為了要分擔家計，我很小就離開臺東去打工。一九七六年十三歲時，我去梨山受僱採收蘋果，斷斷續續工作一年多；十五歲時，第二次受僱上去梨山。我想

如果認真工作，賺的錢都寄回家裏，爸爸的擔子就會輕很多。

後來，跟姊姊一起到臺北打工。一九七八年用半工半讀的方式，在臺北縣板橋市積穗國中（現新北市板橋區積穗國中）讀夜校。一年級下學期時，奶奶身體不舒服，就回來照顧奶奶，直到我十九歲時奶奶往生。之後又辦復學，但在都市生活不習慣，每天想媽媽就會哭，就想回家；後來媽媽生病了，沒有人照顧，二年級下學期又辦休學，剩半年沒有畢業。

剛開始難免會覺得，每次家裏遇到事情，都丟給我處理。之後就是大姊結婚，二姊要訂婚，我說：「你們很奇怪，每次都有理由去做自己的事，我都沒有。」

後來兄弟姊妹跟我商量，因為我年紀比較小、未來機會比較多，由我照顧父母最適合。其實，是我自己也捨不得，所以再度回鄉照顧媽媽，直到二十四歲時，媽媽往生。

十五歲時，潘美珍（前排左）在板橋積穗國中念書，半工半讀，休學前與同學合照。（照片／潘美珍提供）

兄弟姊妹其實都對我很好，媽媽過世了，我也想了很多，想再繼續讀書，可是又想到去了臺北，爸爸就沒有伴了。也許是我沒有讀書的緣分，也認為不一定要有學歷才能做事，可以自修，就決定不再讀書了！

　　爸爸年紀大了，兄弟姊妹完全信任我，讓我管家。反正兄弟姊妹有讀書就好了，不懂可以問他們嘛！我雖然從小沒有很聰明，可是好像什麼事情一看就會了。爸爸也覺得人不一定要有學歷，但是一定要懂得做人處事、有信用、負責任，一定要顧到手足之情。就這樣，為了照顧家人、圓滿家人的好緣，一直到結婚我才自己開服飾店。

　　跟老公的因緣也很戲劇化，那時我在自助餐上班，同事說要介紹一個朋友跟我認識，但我沒有很喜歡那個人，就拿老公當擋箭牌，跟他說：「我跟你做朋友好嗎？」嚇死他了，結果他竟然說：「好啊！」

　　老公問我：「人家不是介紹某某人給你嗎？」我說：「沒有很喜歡，今天晚上可以載我回家嗎？」我請他把摩托車騎到後面的卡拉OK那邊，兩個人從後面跑掉，結果大家都在找我，隔天我被人家罵。

　　當時，只是想隨便找個人脫身，接觸過才覺得這個人還不錯，唯一的優點就是不愛講話，我很愛講話，剛好互補，以後兩個人才不會吵嘴。

被人倒會還給紅包

做好事幫助別人，雖然讓我覺得很快樂，但也曾有一陣子比較低潮，我那麼信任朋友，去參加朋友的互助會，沒想到被倒會；後來，另一個朋友有困難要借錢，但我沒有那麼大一筆錢，她說：「不然我招會，你要跟嗎？」我想可以幫個忙，讓她度過難關，沒料到又被朋友倒會。

朋友倒會，讓我很辛苦，先生楊添桂一直罵我：「天底下沒有像你這種人，倒會的人要走了，還包紅包給人家！」我說：「她就有困難啊！萬一自殺怎麼辦？如果她自殺，你不會覺得很可憐嗎？」

我都會陸陸續續捐款給創世基金會等慈善機構，每個月多多少少幫助一些弱勢。當時幫助人的力量很小，只能匯個一百塊、一千塊或一千兩百塊，如果有多餘的錢像發票中獎，就再捐出去。

二〇〇七年有一天中午，慈濟志工彭英妹師姊在池上沿路收善款，沒有一家願意繳。到了我家門口，我問：「繳什麼善款？」她說：「慈濟的，你願意繳嗎？」我問：「要怎麼繳？」她說：「看你一個月要繳多少？」我說：「是喔！那我繳兩百塊，我跟先生的。」

沒多久，彭英妹師姊又來找我聊天，她跟我說：「你那麼願意幫助人家，朋友也那麼多，願意加入慈濟

嗎？」我問她：「要怎麼樣加入？慈濟是什麼團體？」
她說：「要接受見習培訓，只要有一顆想幫助人的心就
好了。」

這麼簡單喔！我說：「好啊！」她說：「如果培訓，
一定要募四十戶。」我就問朋友：「我要做慈濟志工，
但是第一個門檻就是要募到四十戶，誰願意幫我完成這
個心願？」這邊十戶，那邊十戶，結果三天就募到了，
我問師姊：「四十戶夠了嗎？」開始培訓才知道重點是
募心而不是募款，戶數只是付出關心的一個目標。

加入慈濟，是另一種生活的改變。我之前都沒有找到
做事的熱情，加入慈濟好像是曾經做過的事、曾經走過

二〇一〇年，潘美珍（右一）受證慈濟委員，攝於臺東聯絡處。
（照片／潘美珍提供）

的路，不會感覺陌生，好像幾百年前就找到慈濟這個家，所以很安心地加入。不知道為什麼，到慈濟任何一個聯絡點、聯絡處，都覺得好像來過，就很放鬆，我喜歡這樣的感覺。

電力十足用不完

做慈濟以後，每次放假，不會想去旅遊或去哪裏玩，我發現，做慈濟是在放鬆耶！做生意有壓力，可是如果做慈濟，一直幫助別人，看到原來還有更辛苦的人，就覺得自己想太多。所以，通常我放假就是去做慈濟，放鬆心情。出去玩要花錢，還要考慮穿什麼衣服，做慈濟只要一套制服。

別人得到幫助，自己又放鬆心情，第二天更有活力，先生都說我的電都用不完。他說，一個人做功德，另一個人護持就分一半。講真的我很開心，人家都說，沒有人像我這樣一天到晚關店，跑去訪視。

朋友說：「只要美珍在的時候，不要讓她說慈濟，不然她要說二十分鐘。」我說：「哪有那麼誇張！只要你們願意幫助人，要繳款的趕快繳。你們覺得我做得很好的鼓鼓掌，記得我現在吃素，聚餐要幫我準備素食。」

我朋友不多，都是那種很貼心的朋友，做生意的時候這樣，在環保站也是這樣，以前做生意，朋友的信都寄

放在我店裏，到現在還在幫朋友收信。

　　以前聽說，參加慈濟不是有錢人，就是高學歷；加入慈濟才真正知道，只要願意用心付出，雖然沒有高學歷，也不會讓人家覺得俗俗。我在慈濟找到一個立足點，受到師兄師姊肯定，就不會很在意一定要讀書，當然自己也都會自修啦！

　　慈濟有很多活動，像我參加慈誠懿德會，很多爸爸、媽媽是實業家或具高學歷，都有很棒的見解；比如做活動企畫、怎麼辦活動，都會把想法說出來，讓我們參考。在這當中，我學到很多，像這次辦活動，有些師姊電腦能力很好，會打倉頡，我一個字也不懂，只會注音，就問怎麼打。

　　剛開始做生意，我就會使用電腦，只是不會畫圖什麼之類的，加入慈濟後，大家教我怎麼做簡報、怎麼拿麥克風、怎麼上臺……

　　二〇一五年歲末祝福感恩會、二〇一七年浴佛典禮，我承擔過司儀，師兄、師姊都很信任我，都說：「美珍，你可以。」我對自己還是沒什麼自信，二〇一五年的時候當司儀，我與一位聲音很好聽的師兄搭檔，互等對方喊口令，等了三分鐘才喊出「恭迎師父」的口令，師父卻在溫馨座談時，鼓勵我承擔司儀很棒，要有信心，勇敢地說出來，就會愈來愈進步。

　　德棌師父還為我打分數，說給我兩百分，我才變成師

兄、師姊口中的「兩百分師姊」、「兩百分司儀」。

聲色柔和但鏗鏘有力

加入慈濟第二年，碰到莫拉克風災，那時候我還是見習志工，因為臺東委員比較少，就有因緣到大武鄉訪視，當時就覺得那些困苦人家很需要疼惜。其中有一個個案，他們家被土石流整個掩埋了，很感動慈濟志工災後就來關懷。

當時覺得，原來慈濟這麼深入社區，那我是不是要更認真地做訪視。二〇一〇年受證後，我開始試著寫案本，隔年拿案本，現在關懷十一戶照顧戶。

我看過一個獨居個案，住家髒亂不堪。我們一樣都住在池上，但對方生活怎麼那麼困苦？我小時候窮也沒那麼苦。一般人不可能隨隨便便去人家家裏關懷，因為慈濟，我們才有辦法深入貧苦。

加入慈濟前，我覺得池上生活水平還算OK，可是深入後發現，原來池上有這麼多人需要關懷。在池上訪視，最高記錄快達五十戶，大概有兩年的時間，都是我一個人負責案本，跟別人講，人家還會說：「池上怎麼可能有那麼多人需要幫助！池上真的有那麼多個案嗎？」

家暴、單親、失婚，還有獨居，很不可思議，每次去看個案，我都很感傷，雖然家境沒有很好，可是自己真

的很幸福，還可以藉由慈濟去幫助別人。

　　訪視時，要很有耐心，用比較溫和的語氣說話。我聽過接受關懷的人說：「原住民生活本來就是這樣，漢人不懂啦！」我說：「陪伴那麼久了，也應該要改善了嘛！對不對？每次都這樣，請問我們怎麼協助你，你說看看？」他們會說：「我知道你們很好。」

　　我還遇過一個單親爸爸，很喜歡喝酒，師姊都很怕。這位單親爸爸酒後鬧事，女兒來找我，我直接命令他坐下。他說：「師姊，我知道啦！好啦！我坐下。」倒一杯水給他，我很兇地說：「你慢慢說，發生什麼事？」他說：「師姊，不要那麼兇，你的眼睛很大。」

　　我讓他們知道，每個志工都在上班，都是撥空陪伴，自己不願意改變，請問別人要怎麼做，才能讓你不要喝那麼多酒？不能喝到連工作都丟了，還讓警察通知我去帶你出來；陪伴個案，勸導喝酒的人最難。

　　「大家好不容易一戶一戶募錢過來，那一分善心是讓人暫時度過難關，拿去買酒，怎麼對得起那些善心人士，如果每次來看你，都在那邊喝酒，你覺得我們心裏怎麼想？我們好像傻瓜一樣，那麼關心你，然後你把我們當傻瓜，這麼樣做對嗎？」

　　這些個案都靜靜地被我念，就這樣變成好朋友了。有時候個案遇到困難，也會到服飾店找我幫忙，改變個案的習氣真的很難，不但要有時間陪伴，還有上人說「聲

色柔和」也很重要，什麼叫聲色柔和？不是講話溫柔，而是鏗鏘有力。

志工過去關心，就要促成改變，不然個案永遠沒有辦法改善生活，怎麼教育下一代？我對個案說：「雖然我們的師父一直說要了解你們的心理，陪你們度過困難，可是好像陪伴一、兩年了，還沒改變，請問要用什麼方法，你可以告訴我嗎？」她說：「沒有辦法。」我說：「什麼叫沒辦法，再講沒辦法試看看。下一次來，不會通知喔！」

下班九點多，有時候個案的孩子沒吃飯，我會熱好晚餐的菜，裝飯盒帶過去。我告訴她：「不是訪視通知而

二〇一三年，潘美珍（前排左三）等志工走入社區推廣靜思語，為店家張貼靜思語海報。（照片／陳瑞琴提供）

已，晚上也會來喔！」她說：「那麼嚴格。」我說：「這不是嚴格。你要做好榜樣，將來孩子才能對社會有貢獻。」

還有一位媽媽生活複雜，和人同居兩次，真正的婚姻只有一次，五個小孩同母異父。這位媽媽生那麼多個，我很懷疑：「同居人有需要再生小孩嗎？」她說：「沒有啦！就懷孕了。」我說：「為什麼都不避孕？」她不好意思地說喝醉了。

我說：「你沒有辦法給小孩更好的生活，這一胎生完一定要結紮！」臨盆那一天，她被送到關山慈濟醫院急診，打電話給我：「師姊，我在醫院生小孩。」我說：「要記得結紮喔！」她說：「我知道啦！可是要錢！」我說：「不用擔心錢的問題，一定要請醫師結紮。」我也請醫院志工先關心一下。

那位媽媽產後第三天出院，我們送去一些補品、祝福金，第一句話就問有沒有結紮？有結紮就好，不然她一直生下去，怎麼顧小孩？每天只要沒事，我就打電話關心：「我等一下去你家。」她常常拿不在家或在朋友家當藉口，希望我不要去家訪，但我人已經到附近的檳榔攤門口了；我問她在哪裏？她說在某某朋友家，我說馬上到，又從檳榔攤騎車去，她很訝異，我怎麼知道路？我在池上問一下就知道在哪裏，所以她後來就不太敢騙我。她如果一大早喝酒，很怕我到她家臨檢。

持續不斷地關懷，我感覺個案有節制一些了，以前都是米酒加保力達，現在只喝保力達。陪伴當中，我也常提醒他們，開車千萬不能喝酒！不僅政府會加緊查緝，還有自己及他人的安全考量。

閒不下來要學習放鬆

服飾店從一九九〇年開到二〇一二年，做了二十幾年，一直做重複的工作很累，而且景氣愈來愈不好，想讓自己換個環境休息一下，就把服飾店關起來，退休做專職的慈濟志工。結果不久，就發現自己閒不下來，又再找不同的工作去上班。

現在除了做慈濟，還到池上牧野餐廳上班，負責的工作是外場、結帳，幫客人點餐、清潔餐廳，這個工作可以讓我安排時間做慈濟，所以我很喜歡。我一個人負責大概十幾桌的客人，動作要快，如果桌數太多就會請兼職或打工人員來協助。

我的想法就是要開開心心過每一天，主管也不會一直催趕，讓我們把工作做完就好了。所以我就很安心地做，不會那麼緊張、不開心，也因為心裏有上人的法；上人說：「甘願做，歡喜受。」有一次，經理問我為什麼每天上班都要唱歌？我說因為在這裏像在度假。

別人都說餐廳的工作很累很無聊，可是我很喜歡一個

人做，做得過程可以想很多事情。我覺得已經很幸福了，不會覺得辛苦，比我們苦的人更多。不會有工作了還要抱怨，工作之餘又可以自己安排做慈濟，就覺得很滿足。

如果要我試著慢慢做，好像做不來，我就是做完一件事，就會想到下一步要做什麼。慢慢來的話，會讓我覺得好像愈做愈久，很累。做快一點，其他的工作做得完，就可以把餐廳整理得更好更乾淨，因為餐廳就是比較注重衛生。

有人說，我動作和吃飯都太快了，因為平常都會有一點小緊張，所以我經常告訴自己要慢一點。後來去關山

二〇一五年五月臺東關山發放日，潘美珍（後排左二）等志工為照顧戶送上蛋糕慶祝母親節。（攝影／李金招）

慈院看中醫，讓沈邑穎醫師針灸調養心臟，醫師說我可能太容易把事情都攬下來做，就會壓力過大，叫我放輕鬆，慢慢來不要緊張。

可是遇到的工作都是快節奏，我也想要慢一點，就是慢不下來。醫師提醒我，做慈濟一定要照顧好自己，才有辦法把慈濟做得久一點，所以我就乖乖聽醫師的話。

慢慢累積愛的存款

荷花（化名）是阿美族人，在臺東縣成功鎮出生、花蓮縣玉里鎮長大，從小帶著兩個妹妹一起做工，常自暴自棄，跟著人家到處喝酒。

跟荷花認識有七、八年了，精神科醫師確診荷花有人格分裂症，發脾氣那一霎那，一旦爆發，那個力量像炸彈，十個大男人也沒有辦法拉得動她。荷花可以把一個人從摩托車上拉下來，打到流血才停手。不過在吃藥控制之後，情況有比較好一點。

很少人知道荷花的精神狀況，她在工作的時候，跟同事完全沒有交集。荷花也不是刻意排斥別人，是怕跟朋友在一起，對方不知道她的個性，萬一不小心觸碰到心中那條鞭炮的引線，被她傷害了怎麼辦？所以，荷花不喜歡和同事圍著哈拉說笑，永遠都一個人在旁邊吃飯。

她不覺得需要朋友，也不會主動去跟人家打招呼。這

就是為什麼荷花在村裏住了六年多，沒有一個鄰居知道她姓什麼、叫什麼。

荷花經常說：「如果沒有神父教導，或慈濟美珍師姊、瓊華師姊的關懷，我現在坐在這裏不是一件容易的事！剛開始，美珍師姊肯幫我和兒子，我覺得是不是有什麼目的？」還記得跟荷花初見面，她並不是很歡迎我，經過不斷地關懷，她才終於卸下心防。

剛開始，荷花覺得自己不是乞丐，也沒有斷手斷腳，不需要接受幫助。從我送給她的書中，她慢慢懂得一些道理，也會把上人的話記起來，開始改變自己，也漸漸融入團體裏。後來，荷花可能跟我比較有緣，對我的信任更多，真的是把我當作朋友。

以前，荷花心情不好就跑到大坡池大聲唱歌喊叫。有人報警，荷花以為警察認為她要跳大坡池自殺，結果，警察只是跟她說那邊有人在睡覺，小聲一點。後來，荷花知道我住在哪裏，平常不敢打擾我，只在心情不好的時候，騎摩托車往我家繞個一、兩圈，因為常常都是很晚了，我在睡覺根本不知道。

荷花回到家後，會跟門口的狗對話：「媽媽去美珍師姊那邊，你知道美珍師姊是誰嗎？慈濟的師姊。」我一直都不知道，因為荷花從來沒有講過，是後來有人去採訪荷花，才告訴我荷花從小就沒有媽媽，她把我當成母親的角色。

有時候，她到我家門口對面抽於、碎碎念：「美珍師姊，我真的很煩耶！真的是氣死我了！」念一念講出想法，很像在跟我對話一樣，生活中受的氣就消了。

有時候七、八點下班，荷花不是回家洗澡，而是先來我家繞一繞，站在慈濟回收場那邊自言自語：「美珍師姊，今天同事怎麼樣怎麼樣，工作好累喔！」現在荷花收養了幾隻流浪貓，她會跟貓咪講講話，雖然牠們是被拋棄的，但對於荷花來說就好像親人一樣。

荷花說，她好像看到前世的親人，心情不美麗的時候，就會先想到我，我沒有兇過她，也沒有對她發過脾

二〇一五年六月，為因應慈濟援建臺東九所學校老舊校舍，人文真善美志工舉辦共修，指導記錄的重點與方向，潘美珍（右）專注聆聽課程並抄寫筆記。（攝影／王麗珠）

氣。荷花真的改變很多，開始會看上人的書，而且會要求自己看完一本書，就在書上寫一些註解，記下心得感想，現在也會記得我之前告訴她，嘴巴不能造口業。

荷花其實願意改變，而且跟我有愛的存款。我們兩個就像親人一樣啦！慈濟家人永遠都彼此陪伴。

其實，跟資深師兄師姊們相比，我做的還是很少，但是我還要繼續守護在臺東池上，陪伴需要我們幫助的人，這不僅是我的理想，也是我的使命。

有機會認識佛法，讓我的生命充實又有意義，歡喜又有福報，還可以把自己從上人那邊聽到的法，轉成去改善別人生活的道理。

○ 訪問：陳芝安、謝欣志
○ 記錄：陳芝安、林厚成、黃貞宜、王惠香、江淑怡、何予懷
○ 時間：二〇一七年七月七日、十二月十三日、十二月十四日、二〇一八年三月七日、八月十三日、十月十二日
○ 地點：臺東縣池上鄉楊宅、臺東縣池上鄉荷花家、花蓮縣富里鄉富南國小職訓教室、臺東池上牧野度假村、池上火車站旁阿美族黃阿嬤家

南迴線上
為什麼做訪視

鄉下地方志工少，我只有小學畢業，就是邊做邊學。

———黃吳橋鶯

主述者簡介 ── 黃吳橋鶯

一九四六年生，和先生一起做生
意，擺攤販、開雜貨店、餐廳、麵
包批發與零售、食品行，二〇一〇
年受證，委員號四一一一五，法號
慮芊。擺攤因緣接觸慈濟，開始募
善款，當了二十八年的幕後志工，
才出任慈濟委員，深入慈善工作。

我出生於高雄縣林園鄉汕尾村，爸爸在海邊抓虱目魚苗，拚命養大我們好幾個兄弟姊妹，後來他聽說臺東大武鄉尚武村的漁港淤積，要做清淤工程，一九五五年全家就移居過來。我轉到大武鄉尚武國小就讀，也在這裏落地生根。

　　先生黃勝藏是高雄縣鳳山市人，公公是一位老師，不過家裏同時也開設照相館。由於公公教職身分，調動頻繁，調到臺東大武，先生就隨公公定居在大武。

　　一九六六年結婚後，我們住在大武鄉復興路，這條街是大武最熱鬧的地方，住戶加一加大概有幾十戶，再過去是大武老街，住在那邊的人，大都是從外地搬來的漢人，來到大武做生意，就住在那裏。

　　婚後，我和先生在大武街上停車場擺攤販，做生意賺觀光客的錢。後來，想要過較為穩定的生活，就在復興路買了房子開雜貨店，因為很忙、利潤又低，我們商量後決定收起來。先生說：「那不然來做餐廳。」

　　外來觀光客很多，餐廳做了一陣子，人手不夠，就改開麵包店批發、零售，我們找師傅進來做，生意也是很好，賣給學校、店家，有時候有人訂喜餅，師傅不來做

也沒辦法。

大概做了七、八年，我跟先生說：「這個不是我們做的生意，因為都要靠師傅，要看師傅心情。」後來就頂給別人，開食品店賣現成的禮盒。

女兒本來在國民黨大武民眾服務站上班，婚後第三年生了老二，請人照顧小孩一個月要一萬五千元，當時她的薪水才三萬多，因此離職，專心顧兩個小孩。

等到女兒的第三個孩子要上幼稚園，開銷很大，她找不到工作，又想做生意，那時我還在開食品店，想說就退休好了，讓女兒做早餐店吧！

三心二意求菩薩指點

我跟慈濟的緣分很久了，當了二十八年的幕後，一直沒有培訓。我在停車場擺攤時，前面有一攤賣衣服的小販，有位賣內衣的陳太太幾乎每個

黃吳橋鸞全家福，攝於一九八六年。（照片／黃吳橋鸞提供）

星期來兩、三次找那小販。

有一次，她看到有人買完菜，拿一百塊過來給我，好奇問我收什麼錢？我說，我在收婦女會的愛心，於是她拿《慈濟月刊》給我看，並介紹慈濟功德會。我答應她先當會員，就這樣開始接觸慈濟，後來我又邀左右鄰居加入會員。

每個月幫忙收的善款，我都交給陳太太。陳太太住在臺東，也是慈濟會員，她收好善款就拿去交給某位慈濟委員。

大概過了兩、三年，陳太太跟我說：「我要搬到花蓮去了，以後善款要拿去臺東繳。」我問要交給誰？她說，拿去臺東市的菜市場（現臺東中央市場），交給賣鈕扣的老闆娘龔梅花。

我才交善款到臺東幾個月，就因為鈕扣店發生火災，老闆娘搬走了，就沒有人能收我的善款。

將近半年的時間裏，每個月還是有人繳善款，我沒有認識其他的慈濟志工，不知道要交給誰。直到有一次，臺東慈濟志工要在大武國中辦茶會，他們開車沿街廣播活動消息：「歡迎鄉親去喝茶，慈濟來了喔！」我就跟先生說：「你幫忙顧店，我趕快把錢拿到大武國中交給慈濟志工。」

那位師兄是歐順興老師，我跟歐老師說：「那老闆娘現在不知道在哪裏，這個錢交不出去，是不是把錢交給

你，還是給誰？」歐老師寫了王添丁校長家的地址給我，他說王校長是臺東的總聯絡人，拿去交給王校長就可以了。

於是，我每個月找一天，請先生顧店，坐公車去臺東市找王校長交善款，持續交了二十幾年。

這麼多年，大家邀我培訓，可是先生不肯答應：「你在家裏做就好，不要出去當志工，不然店怎麼辦？小孩怎麼辦？」我說，我也想做慈濟！先生要我等退休以後再做。

當時孩子還小，店裏也真的需要人手，就這樣我當會員二十八年，退休後，二〇一一年才參加培訓。

剛開始是王添丁校長當我的母雞，但他耳朵重聽，不好溝通，他太太黃玉女老師就拜託范春梅（慈琳）師姊陪伴我。我出來培訓，也是遇到很多障礙，差一點就退轉了。

那時候先生腎臟出問題，常常要去高雄看醫師，我的膝蓋也退化了，不能跪，想說我應該跟慈濟無緣，就跟慈琳師姊說，退出培訓好了。

慈琳師姊問我，為什麼要退掉？我跟她講原因，她說我做幕後那麼久了，退掉很可惜，而且大武的志工也不多，只有兩個人，但都沒有拿案本。慈琳師姊很有智慧，她說我的願力要大於先生的業力，把做志工的功德分給先生，他可能就會慢慢好起來，我想也對，做志工

積功德，也可以分一半給先生。

　　我很想做志工，可是家裏有困難，看先生身體不好又走不開，那時候三心二意，上完第二次培訓課，第三次本來不想去了，又放不下，真的很掙扎。

　　那天想想，我有拜觀世音菩薩，早上上香的時候，就問菩薩：「諸佛菩薩，我現在很為難，不知道走慈濟這條路對還是不對？和慈濟不曉得有緣還是無緣？這樣傻傻地走，心都打不開，請菩薩指點一條路，如果和慈濟有緣，祢就加持一下，不要讓我三心二意，順順利利培訓受證，如果和慈濟無緣也就算了，讓心定下來。」我向菩薩求個心安，真的很靈！

　　那天晚上睡覺，我做了一個夢，夢到我一個人去山上玩，走到半山腰，有一間茅屋，一位老菩薩在摘花生，他向我打招呼：「來玩喔！」我說：「對啊！」他說：「帶那麼多人來喔！」我說：「沒有啊！」「你看，山下那麼多人，不是你帶來的嗎？」我轉頭一看，怎麼那麼多穿「藍天白雲」的人！我說那是慈濟的師兄師姊，不是我帶來的，再往上走到山頂，又遇到一個老菩薩，他問我說：「你今天帶媽媽來爬山喔？」我說：「沒有啊！我自己來呀！」轉頭一看：「唉唷！上人！」那是證嚴法師，我的師父！當下我的心就在慈濟定下來了，再怎麼難都要走下去！

　　雖然先生要洗腎，但是身體算很好，星期二、四、

六，他自己搭接駁車去臺東洗腎；請他幫忙收功德費，他也願意。

三個女兒長大成人，都念到大專。大女兒婚後也養育了三個女兒，這三個孫女都讀到大學；二女兒剛結婚，住在成功，生活很美滿；小女兒則在高雄上班。

現在孫子們都大了，我也不必做生意，時間很自由啊！先生、女婿、女兒都很支持我做志工，女婿之前當過村幹事、鄉代表會副主席，對照顧戶、低收入戶也很了解。

大狼犬終於認識我們

這裏的訪視工作，現在是我跟孔張美燕師姊分工，達仁鄉大溪部落是美燕師姊的訪視範圍，安朔、森永、南田都是我的，還有大武鄉就是從大竹到南興，我現在大概負責訪視四十戶，原住民比較多。

當然訪視志工看個案，志工間會相互邀請，也會分工。我負責寫案本，美燕師姊會開車，我們都一起訪視，如果有需要的話，還會邀請太麻里的志工楊東昇師兄、陳貴英師姊。

我的案本有一半以上都是從楊東昇師兄那裏轉來的，受證志工後，每次他要去看個案，都會邀我一起學習怎麼跟案家互動。

我書念不多，只有小學畢業，剛開始貴英師姊要我接案本，我因為不會寫，不敢也不想接，但是她說，寫就會啦！我寫字不好看，她也說沒關係，又不是考試，也不是比賽，一直鼓勵我學習，大概跟她們出去訪視一、兩年，她就轉給我了。

　　現在大武志工只有四個人，除了我和美燕師姊，一個年紀比較大，八十幾歲了，很少出來，另一個年輕人因爸爸身體不好，也就沒出來。她爸爸在二〇一八年初往生，我們會邀她一起訪視，有時候她有事不能參加，我們也不勉強。

二〇一六年七月底，臺東靜思堂為遭受尼伯特風災的民眾舉辦祈福會，並出動遊覽車接送大武鄉、太麻里鄉鄉親，黃吳橋鶯引導會眾上車。（攝影／劉文瑞）

因為路途很遠，我們訪視前都會先打電話聯繫家家，大概一、兩個月去看一次。

　　大武鄉街上，單親或隔代教養的家庭、獨居長者很多，比較遠的山區安朔、森永部落也不少。

　　安朔部落有位太太生四個小孩，一個本來讀高中二年級，二〇一七年因為不愛讀書而休學，其他三個孩子還在讀書。她的先生是原住民，領有殘障手冊，需要洗腎，眼睛看不到，耳朵也重聽，一家靠低收入戶補助過生活。

　　這一家人目前已有充足的社會資源，有政府、家扶與世界展望會的補助，因此被我們列為居家關懷戶，沒有提供經濟上的協助。

　　森永部落另一個個案是隔代教養，太太患有乳癌等多種癌症，和現任的老公是再婚，兒子很讓人操心、很會闖禍，生了三個小孩就跑掉了，孫子都是她帶大的。

　　另外，印象深刻的個案有兩件，第一件是吳阿公。花蓮有位師兄開車經過南迴公路，在路邊一座涼亭下休息乘涼，隨意走走，走到吳阿公家前面，無意間從大門往內看，發現吳阿公家裏髒亂不堪，於是留了吳阿公的地址，回花蓮之前，順路前往臺東靜思堂提報為個案。

　　不久，臺東靜思堂的值班師姊打電話給我，我就聯絡美燕師姊，兩個人馬上過去看吳阿公。隨著地址卻找不到那個地方，又去派出所問路，值班警員說：「你們要

去喔？要注意門口的狗會咬人，而且吳阿公不好接觸，很防陌生人。」

派出所的員警只有一人值班，也不能一起去看吳阿公。當下如果我們打電話，請太麻里或臺東的師兄前來，也來不及支援；我們商量後，還是決定去了，美燕師姊走前面，我走後面。

第一次到吳阿公家，很恐怖！他養很多狗，大概七、八隻大狼犬，狗狗汪汪汪地叫！我說：「狗狗不要叫！我們是好人，不要叫！」吳阿公坐在門口的一張藤椅上睡覺，家裏髒得好像垃圾場，真的很可憐，床鋪低低的，根本不能躺下睡覺，一問才知道他已經在藤椅上睡了一個多月。

我們輕輕叫喚：「阿公，我們來了！」吳阿公看了一眼，開口就問：「你們是什麼單位？」我們回說：「是慈濟功德會的志工。」吳阿公說：「我知道了！我知道了！你們是觀世音菩薩派來的，我這兩天才夢到觀世音菩薩。」

吳阿公是外省人，榮民退伍時，領退伍金三十萬，現在領低收一萬多元。他沒有結婚，只有一個姪女住在臺北；吳阿公很瘦、很瘦，沒吃飯沒力氣站穩，常常不小心跌倒，全身是傷，這邊流血，那邊流血。

坐在門口那張藤椅的吳阿公說，他已經餓了好幾天，我們又開車回到大武買便當、麵包，也買藥幫他擦傷

口。我蹲不下去，還好有美珠師姊幫忙擦藥，吳阿公一直說感恩、非常感恩。確定吳阿公慢慢恢復元氣後，為了讓他放心，我們還約好下次訪視：「那就明天或後天再來。」

那時候還沒有居服員照顧吳阿公，大概兩、三天我們就會去訪視一次。吳阿公一開始就很信任我們，只是門口那幾條狗狂吠，第一次、第二次還是這樣汪汪汪，第三次看門狗就有點認識我們了，現在有居服員照看，吳阿公生活改善了，我們就比較放心。

剛開始，我們問吳阿公：「家裏那麼髒，是不是我們來幫你整理一下？」吳阿公說：「不要，裏面有很多東西，慢著先不要動。你去幫我餵狗。」大狼犬體型那麼大，一直汪汪叫，我遠遠地丟食物過去，嚇死了！

吳阿公那間屋子住十幾年有了，附近有國光號站牌，大概在四、五年前，他都還自己坐國光號來大武買菜，再包車回去。

他家對面那間廟，是他拿錢出來蓋的，但土地是林務局的；吳阿公在廟旁為過路休息的人算命、看手相，維持生計。後來，林務局找上他，說不可以在那邊蓋廟，吳阿公說：「我喜歡蓋廟拜拜，拜觀世音菩薩。如果說我犯法，你們就收回那間廟，我有拜沒拜都沒關係。」接下來就沒下文了，以前是吳阿公打理那間廟，現在是有人就管理，沒有就放著。

後來，我們跟吳阿公商量：「如果我們在大武租一間房子，帶你到那邊住，照顧你也比較方便。」但他不願意離開自己的房子，我說：「我們住很遠，不能常常來看你，怎麼辦？」他說：「沒關係，你們有空就來。」

　　問題是路途遙遠，從大武開車要半個小時，吳阿公說：「我不喜歡出去，也不要去那裏住！」我們跟吳阿公說：「那幫你找個機構，讓人家照顧。」吳阿公聽到後就生氣了。

　　我們兩個人去了十幾趟，和吳阿公比較熟了，有一次我故意用恐嚇的語氣：「伯伯，租房子給你住，你不

二〇一七年十月，臺東新芽獎學金頒獎典禮，剛考上護理師執照的尤嘉玉上臺分享，黃吳橋鸞和孔張美燕陪伴左右。（攝影／洪岱瑩）

界；請你去機構住，你也不要。我們如果沒有來，你會餓死。」

我們本來要把吳阿公強制送醫，叩是他不要，他說，死了就算了。現在我們探望吳阿公，要穿慈濟志工制服，他才會認識。吳阿公說，我們是觀世音菩薩派來穿白褲子的人，很希望我們常去看他。

他的下一餐可有著落

另一個個案詹先生已結案了。他單身未婚，四十幾歲而已，卻像流浪漢一樣，父母過世，兄弟住在花蓮，是他擔任鄰長的親戚提報給我們的。

詹先生有一餐、沒一餐，屋裏堆一堆東西，沒有水電，也沒有電燈；他很愛喝酒，把慈濟每個月三千元補助金都拿去買酒，很傷腦筋。後來，我們把錢寄放在鄰長家，鄰長也不敢一次拿一大包米，怕他賣掉換酒，把米用塑膠袋分成小包，每隔兩、三天拿去。

有時候，我們也買衣服給他保暖，過幾天再去訪視，看他沒有穿，就問：「詹先生，我們給你的衣服呢？怎麼沒穿？」他很高興地說：「有啦！我過年才要穿。」

鄰長照顧詹先生好多年，沒有讓他知道有這筆三千元補助金，怕他會吵著要錢買酒。這筆錢若沒有用完，鄰長會幫他每個月存一千元，存了二、三萬元。

二〇一五年，詹先生生病倒在路邊，路人叫救護車把他送到署東醫院（今衛生福利部臺東醫院），沒人照顧，後來鄰長用那筆錢請看護，用到剩下幾千元。

　　詹先生的哥哥因盜採林木坐牢，鄰長跟詹先生的嫂嫂說：「慈濟幫助詹先生好幾年了，現在他生病了，你應該要帶回去。」嫂嫂問鄰長：「那慈濟的錢呢？」鄰長說：「每個月存下一千元，存了兩、三萬元，請看護用了一萬多，還有八千元。」

　　嫂嫂聽到八千元，就答應把詹先生帶回玉里，也收下那筆錢，因為有人照顧了，我們也就結案了。

　　過了兩、三個月，詹先生不想住在花蓮玉里兄嫂家，用走的走回臺東大武，不知道走了多久，睡在大街上銀樓外的騎樓。

　　冬天一大早很冷，我女兒早上四點多起床，準備開店賣早點，看到一個頭髮、鬍子很長，全身髒兮兮的人，站在銀樓門口，離早餐店遠遠的，好像想要過來吃東西，女兒不確定是不是詹先生，還是拿了包子、饅頭、豆漿給他充飢。

　　後來我問鄰長：「詹先生是不是回來了，怎麼辦？是不是重新開案？」他說：「我沒有辦法照顧他了。」於是，我請女婿幫忙問村長、代表，是不是帶他去機構安置？但是村長、代表都說，那個人不好溝通，結果就不了了之。

過 陣了，我再問鄰長：「你不能照顧詹先生，那就請他嫂嫂帶回去。」鄰長說，嫂嫂不要，詹先生也不要。我心想，那怎麼辦？後來，我再去找鄰長，才知道詹先生的哥哥出獄了，帶走了他。

在這期間，很多人幫助詹先生，有人幫他買的冰箱、家具，也被哥哥帶走了，這樣好幾年過去，現在我們終於比較放心。

有時候在訪視中看到案家的狀況，心裏很不捨，回到家就會跟先生、女婿討論個案。女婿做過村幹事，對訪視也很了解，剛開始我不大會寫個案資料，還是他教我寫的，做中學，邊做邊學。

後來又想，還是要自己寫，不會寫的字，就查字典，現在則是查手機，大武是鄉下地方，志工又少，只要身體健康，我還是願意做志工，一直做下去，幫助一些有需要幫助的人。

○ 訪問：陳芝安、謝欣志、林厚成、江淑怡、邱妙儒
○ 記錄：江淑怡、林厚成、陳芝安、陳夢希、林淑惠、何予懷
○ 時間：二〇一七年七月六日、二〇一八年八月十四日、
　　　　十月十三日
○ 地點：臺東縣大武鄉黃宅

送愛速可達
訪視經驗談

珍惜有限的愛心資源，開案、結案考驗智慧與用心。
———孔張美燕

主述者簡介 —— 孔張美燕

一九六五年生，家開機車行，任
會計。二〇一五年受證，委員號
四八三〇五，法號慮晗。與大武鄉
志工黃吳橋鸞同行，定期往返臺九
線南端，訪視關懷獨居長者，送愛
問暖。

我是高雄岡山人，十七歲嫁來臺東太麻里，住在這裏三十六年了。先生孔朝福是屏東人，排行老么，他家在一九五一年就搬來臺東大武，他是在臺東土生土長。

　　孔朝福當兵前，曾在我家的機車行當師傅；當兵回來，又在我家車行待了半年左右。後來他媽媽説，臺東大溪有家店頂讓，問他要不要？他想要頂下，但是回到大武籌不到錢開店，於是又去學技術，在臺東勝美機車行工作。

　　一九八〇年，我國中畢業後，爸爸和兄弟分家，每個人管理一家店，修車師傅也都分開了。隔年，我到店裏當會計，店裏很缺師傅，有個會計小姐跟孔朝福很熟，就問他要不要回來？

　　反正店沒有開成，在臺東也是工作，不如再回去高雄岡山；孔朝福在我家車行三進三出，最後一次我們才真正認識。這段期間，爸爸罹患口腔癌，生病長達十年，我結婚後隔年（一九八三年），爸爸就往生了。

　　婚後，我生了一女三男，現在大女兒嫁到高雄，老二、老四接手太麻里的機車行，老三在臺東市開快速保養場。

一九七〇、八〇年代,原住民有貨車、轎車的很少,主要交通工具就是機車,來修車的客人百分之八十是排灣族,百分之二十是阿美族。現在因為人口外移嚴重,又少子化,機車行的生意普遍不比以前好。

嫁來臺東後,我們就開了機車行,我接觸到的原住民比較沒有儲蓄的觀念,修理車子,有時候換個輪胎,就要上千塊。他們會說:「老闆娘,我現在沒有錢,過幾天給你。」

這個「過幾天」,搞不好是一個月、兩個月,要不然就是半年,常常要等到過年才有辦法收齊。有時候過年

二〇〇五年五月,三位在外就學的兒女返鄉為孔張美燕過母親節。
(照片/孔張美燕提供)

還是沒收齊，欠到最後，我知道這個客人不老實，就去
扣車回來，客人自知理虧，大多會乖乖交出車子。

雖然如此，我還是喜歡跟原住民做生意，賒帳扣車他
們還是會願意接受，在地做了三十幾年生意，我很了解
各種客人的個性。

臺東的平地人跟客家人幾乎都是外地來的，很多人來
自屏東、雲林、彰化或臺中等地，在太麻里，漢人可以
說是少數民族，以前還有榮民，但很多老一輩的都凋零
往生了。

這三十幾年來，當地原住民的生活沒有很大的變化。
有些年輕人喜歡喝酒，罹患肝病的機率相對較高，老一
輩的人雖然愛喝小米酒，但是有在打獵、種田、捕魚，
勞動流汗代謝，不容易生病。

譬如，早年原住民抓俗稱「拈米仔（禿頭鯊的魚
苗）」，小小的很像魩仔魚，只有東海岸這邊的溪口撈
得到，市場上一斤可以賣到五百塊、三斤一千塊，但是
現在年輕人都不喜歡勞動。

有些偏鄉的年輕人到臺東市工作，然後就是同居生
子，生一生再丟回老家給父母帶。同一個家庭裏，或許
五個孩子就有三個不同的爸爸、媽媽。因此，鄉下地區
有不少隔代教養及經濟弱勢的家庭。

一九八六年，開機車材料行的蔡萬俊師兄，加入慈濟
後向我募款，他當時就邀我說：「來啦！來啦！有空一

起來做志工。」那時候我和婆婆同住，還要做生意養一家老小，哪有時間？去訪視，一趟路又這麼遠。

　　二〇〇五年婆婆往生，我也還沒有馬上放手，仍繼續在做生意；一直到兒女都結婚後，想休息了，先生也一直鼓勵我：「好啦！放掉了！給他們自己發展。」蔡萬俊師兄聽說後，馬上邀請我報名培訓委員，二〇一五年受證。

機構合作關懷更全面

　　從我家機車行右手邊的大路過去，就是達仁鄉的土坂村、臺坂村拉里巴部落，過橋是大武鄉大竹村的愛國埔部落，我家剛好在三個鄉鎮的交界。

　　黃吳橋鸞師姊住大武鄉，負責訪視大竹村、大鳥村、大武村、尚武村、南興村，還有達仁鄉安朔村、森永村、南田村。這邊本來都是楊東昇師兄、陳貴英師姊的訪視區域，每次他們從臺東開車過來，就是載我和橋鸞師姊看個案。

　　我和橋鸞師姊一起在太麻里發放時就認識了，之後和她同組訪視，我家三伯跟橋鸞師姊的先生結拜，說起來，我們算是妯娌呢！

　　剛開始接個案，我因為記憶力不好，有時候還要看案本記錄，才曉得個案的生活收支多少？大兒子是學資訊

的，他教我建個案資料表，把檔案放到雲端硬碟，隨時可用手機查。

在太麻里、達仁、大武一帶，我手上的獨居老人個案很多，大部分是中風，要坐輪椅、靠助行器或扶著牆壁行動，我們很常跑訪視。

達仁鄉有一個南迴健康促進關懷服務協會，本來要蓋醫院，後來只有設立一間日托中心，用復康巴士接送老人家。我去過那間日托中心，雖然老人不到十位，但他們會到家中訪視，從山上下來，經過達仁臺坂、土坂、安朔部落，一直到太麻里多良，差不多有二十公里，真的很不容易。

二〇一五年，孔張美燕（右一）等志工於臺東縣太麻里鄉於曙光環保站發放生活補助金給照顧戶。（攝影／劉文瑞）

他們的路線和我們有所重複，相互合作就顯得很重要。像是一位獨居長者，平常仰賴居服員協助打理生活起居，我們去訪視時，餵阿公吃紅龍果，結果阿公小便是紅色的，讓那位居服員擔心了一下。所以，往後我們帶東西給阿公吃，就會在他們的聯絡簿上記錄。

　　我覺得，如果政府或機構彼此合作，不只靠一個單位照顧老人比較好，就像臺東縣幸福公益協會從聖母醫院轉介獨居老人，請我們一起照顧。聖母醫院因為有送餐服務，了解在地老人家生活上的需要，幸福公益協會就利用臉書公開徵求物資，哪家需要電熱水器或電動床，就會有一些善心人士捐款。

　　每月農曆二十八日是慈濟在太麻里地區的發放日，針對行動不便的個案，則以郵儲補助金匯入個案帳戶。

　　我們在太麻里多良訪視，發現很多人住鐵皮屋，也有人住一般スラブ（磚砌、磚造）房子，若有需要就會幫忙個案修繕房屋，評估後回報本會營建處來協助。

　　像洪先生原來住在木屋裏，南迴協會幫他修成鐵皮屋，但鐵皮屋老舊後會漏水，慈濟在二〇一二年又幫忙翻修了一次。

　　二〇一六年尼伯特風災，香蘭村受創很嚴重，新增不少個案。楊東昇師兄把案本全權交給我跟橋鸞師姊，由我們兩個負責跑這一區，這是我真正拿案本，之前都是跟著訪視、學習。

因為少子化，有些鄉下父母選擇外移，好好栽培小孩，有能力的都出來了，剩下的就是一些中、低階層的家庭。通常只要個案需要協助，我們就會過去訪視，最少兩個月左右，也一定會去看一次；再不然，就是送物資給居家關懷戶的時候，順道探視。

　　接手案本後，我重新盤點案家的資源，若資源充足的，會開始進行減扶或停扶的評估，再等本會的主責社工來臺東，一起去看了以後討論，乘這個機會，能夠結案的就結案，該減補助的就減，而不是一直給、一直給。當然，如果需要增加補助金額的，也要補助。

　　不過，以經濟狀況來看的話，太麻里以南的就業機會

二〇一七年底，孔張美燕向慈濟花蓮本會社工說明個案近況。（攝影／蕭永秀）

實在有限，原住民沒有錢，也有辦法生活，吃的很簡單，隨便野菜採一採，或是捕山上的動物，有米、加鹽，就OK了。

上人說，社區要推動落實「小組關懷，多組活動」。小組時，法親關懷比較方便，志工們相互支援；但是辦活動時，就要多組資源結合，不過在我們這裏，多組活動就難了。

太麻里本來就很少志工，鄭秀葉師姊要卸任了，叫我接組長。那時是二〇一五年，我才剛受證一年而已，一下子被推出來當組長，怕什麼都不懂，沒有辦法承擔的很到位。再來就是我家離太麻里車站二十分鐘以上的車程，所以我先拒絕了。未來的路很長，我發願將自己培養得更好，再來承擔。

志工在臺東靜思堂開訪視月會，大多是安排在晚上七點半，因為路途遙遠，我無法每次都到。有時候參加完回到家裏，都十點、十一點了，現在因為年齡大了，眼睛不是很好，散光、畏光，晚上盡量不開車，臺東的師兄、師姊體恤我，改利用星期六、日，或有放假的時間開月會。

如果不想去時，先生就會念我：「人家晚上開會，你說不要去，那現在改在早上開會……」我就會提起勁。

我和橋鶯師姊一直搭配得很好，有些個案的主責志工是我，我沒有空訪視，就會請她幫忙接案。

減扶停扶智慧大考驗

當地的獨居老人，其實很多都有子女，大部分住在外縣市，或離不會很遠的地方，住臺東市的也有幾個，我的個案裏就有幾個是住臺東市或隔壁村。

其中有位古先生，以前還算健康，可以出去外面走動，可是因為失智愈來愈嚴重，現在要靠輪椅才能行動。這個老人家有長照需求，每週一、三、五中午，聖母醫院的居服員會送餐，有時候則要靠鄰居幫忙照顧，於是我就想辦法請南迴協會的日托中心一起來協助。

像范阿嬤也是我們的照顧戶，有一個孫女在臺東馬偕醫院上班。我們長期陪伴范阿嬤、補助註冊費，孫女在二〇一六年畢業，已經從事護理工作一年了。我會問：「那你孫女有沒有常常寄錢回來啊？」范阿嬤很保留地說：「有啦！偶爾兩千、三千，有時候一千，不一定啦！她自己在外面過得好就好了。」

事實上，孫女每天都會打電話回家關心，范阿嬤也有領老農津貼，還有兩個孩子中度殘障的補助，加一加，生活費都夠了，後來我們就把范阿嬤列為居家關懷戶。

還有一個臥床的吳阿公，還沒有居服員照顧時，我知道他喜歡吃香蕉、蛋糕，這些口感鬆軟的食物。

有一次，我跟先生買蛋糕過去看他，到了門外，鐵門關著，我從門縫看，人有在啊！吳阿公下半身好像光溜

溜的。我請先生過來,他問怎麼了?「阿公好像沒穿!你開門進去看看好了。」先生開門進去後對我說:「你先不要進來。」原來吳阿公真的沒穿衣服。

後來,有了居服員的照顧,而且真的照顧得非常好,吳阿公一直跟我誇獎居服員。有一次去看吳阿公,他還問我:「你幫我想想看哪,我要怎麼感謝他?」

吳阿公拿到的社會資源已夠生活,我也常常請住在我家旁邊的居服員帶東西去給阿公;二〇一九年吳阿公一百歲,我們為他慶祝生日,也停止補助。

二〇一一年,排灣族莫那阿公由楊東昇師兄開案。莫那阿公之前有腦瘤,開刀後常常頭暈,醫師說那沒辦法

二〇一八年三月,孔張美燕(右一)等臺東志工前往大武鄉愛國蒲部落關心永久屋興建工程。(攝影/劉玫足)

送愛速可達 孔張美燕 297

根治，只能靠藥物控制。每個星期四，達仁鄉衛生室派人來看診，莫那阿公都去那邊拿藥。我不捨的是，莫那阿公很黏阿嬤，有時候阿公很桀（閩南語，無理取鬧），會突然要人攙扶或做什麼，所以阿嬤即使有白內障，也不敢去看醫師，只能請鄰居幫忙叫車或代繳房貸。

莫那阿公的兒子都往生了，還有一個女兒住在隔壁，山區部落的原住民都是在上、下坡蓋房子，莫那小姐住在下面一棟透天厝，可是愛喝酒，先生身體也不好，無法照顧莫那阿公、阿嬤。

莫那家是鐵厝搭建スラブ厝（磚砌、磚造）的建築，是莫那阿公的兒子在世時貸款蓋的，整塊土地產權沒有分割，後來莫那阿公的孫子繼承那棟房子，卻不寄錢回來繳貸款。

孫子需要錢，不知道怎麼跟阿公講的，又向農會抵押貸了幾十萬，一樣不繳貸款。為了不讓土地被查封，莫那阿公讓農會強制扣押老農津貼，差不多兩、三個月扣一次。

我印象很深，那時候莫那阿公的案本還在貴英師姊手上，慈濟好像補助七千塊。本來以為莫那阿公只有農會貸款，繳完了，也不需要扶養已往生的智能不足兒子，就想減少補助金，就跟莫那阿嬤講：「你現在農會貸款繳完了，可以領農保了，這樣收入多多少少就夠生活，所以我們會把補助減下來。」

莫那阿嬤很有趣，回了一句話：「好啊！看你們的良心哪！」其實減扶或停扶的話，原住民還是會接受，雖然心裏不是很舒服，但是還算好溝通的。

在付出中學知足

個案的生活習性要完全改變，說實在很困難，所以要在地培養出良才；有時候陪伴照顧戶、辦理新芽獎學金，尤其現在的孩子，你叮嚀說：「要認真讀書！你要申請成績單出來哦！」孩子不大搭理，好像沒有很急迫的需要。

個案的生活環境、經濟來源怎麼樣，有時候我們詢問鄰居，多多少少都知道。但是人心，不管是原住民或平地人，難免有貪念！其實我們的盼望很單純，就是希望能幫助他們自立。

從二〇一七年開始，我們有討論助學資源重疊的問題。現在每年慈濟助學，太麻里地區約一百多萬元，大武地區也有四、五十萬；學校營養午餐有的學生會減免，有的沒有，有的老師直接開繳費單，讓慈濟先繳，再退錢給家長。後來了解到，世界展望會二月、八月也有補助學費，國中以下的弱勢家庭孩子補助七千五百塊，我跟橋鶯師姊商討，其實夠了！後來我們決定，只要國中以下的孩子有獲得世界展望會的補助，就不重複

助學，珍惜有限的愛心資源。

但令我擔心的是，現在年輕人……雖然不能一概而論，但是說實在的，比例上來講，太顧自己了。有的獨居老人有四、五個孩子，這些孩子就是不願意分擔家計，都說一個月才賺多少，還要養小孩，沒辦法！

有的人出社會工作，也不拿錢回家，結果辛苦的是誰？都是父母親、阿公阿嬤。其實只要不吃檳榔、不喝酒、不抽菸，每個孩子每個月一千塊的生活費就有了，如果幾個孩子能夠分擔扶養的話，是不是很好？現在留在村莊的，幾乎是弱勢族群，知識分子都出外工作了。

在訪視過程中，我學到知足常樂，也學會轉念，放下很多，即使生活中難免有些小摩擦，但訪視中看到個案的生活那樣難過，為了生活打拚，就覺得自己哪有時間想那麼多？生活不愁穿、不愁吃、不愁沒錢花，還要要求什麼？把握當下，繼續付出、幫助真正需要的人，就對了。

○ 訪問：陳芝安、謝欣志、林厚成、江淑怡
○ 記錄：江淑怡、林厚成、陳芝安、陳若儀、孫姚鵬、
　　　　王惠香、何予懷
○ 時間：二〇一七年七月五日、二〇一八年八月十四日
　　　　十月十三日
○ 地點：臺東市臺東靜思堂、臺東縣大武鄉黃宅

認識慈濟訪視志工

　　早期在臺灣，「志願服務者（Volunteers）」普遍稱作「義工」，直到二〇〇一年一月二十日公布《志願服務法》以後才稱為「志工」。

　　然而，慈濟早在一九八〇年代起，證嚴上人就開始使用「志工」此一稱呼。慈濟所做的一切皆稱「志業」，社會也普遍認同，所以用「志願服務」來稱呼這群以誠懇心、付出無所求的人們，方稱為「志工」。

　　上人闡釋，「志」就是「心上之士」，有志之士投入這一生所選擇的理想去付出當「志工」。為什麼很多人做沒薪水的工作做得很歡喜？因為，有薪水的工作是「職業」，主要是為了生活而做；沒薪水的是「志業」，志願用倫理道德、用心付出，所收穫的就是心靈無形的「法財」，賺到歡喜、賺到自在。

　　志工是慈濟的主體，也是最大的人力資源，每個人都是付出無所求，無所謂工時長短、工作多寡，所以不執著於工，而要堅守志願。

　　慈濟以慈善工作起家，慈善志業是慈濟的根。

一九六六年五月十四日，慈濟功德會在花蓮成立，當時並未聘任專業社工，慈善工作是由證嚴上人帶領志工們，穿梭陋巷、深入山野，實地探訪貧戶，從中學習並累積濟助經驗，並因盧丹桂[1]個案制定出「複查」制度。

早期，證嚴上人會定期與全臺各地的志工們討論訪視個案，可以說，慈濟初期社福工作，自成一格。而主要承擔相關慈善濟助、社福工作的志工，即為訪視志工。

爾後，慈善訪視工作，因地制宜，由非社工訓練出身的訪視志工主導，依個人訪視經驗、與其他志工間默契，甚至本身的生活背景等，去評估決議個案[2]濟助與否，或是濟助方式，逐漸形成一套工作倫理與評估標準。各地訪視文化，也與當地人力分布、城鄉差距、醫療水平、交通狀況等，息息相關。

以大臺北為例，人力充裕，醫療、社福資源最為豐富，交通又便捷，因此在個案濟助方面，多著重居家關懷，定期訪視、次數密集，平均每戶都有數位訪視志工關照。反觀花東一帶，志工人數較少，個案多居住偏鄉林間、海邊，交通不易，早期濟助金、物資僅能以郵寄方式傳達關懷；幸得交通條件逐漸改善，訪視志工探訪關懷較為方便，只是花東地形狹長，每次訪視仍要費時來回奔波，一天能走訪的戶數實在有限。

隨著慈濟志業開啟，花東的訪視工作有了質的提升。持續運作二十年的慈善工作，直到一九八六年八月十七

日花蓮慈濟醫院啟業，依法設立社服單位，開始聘任專業社工人員之後，逐步走向「志工實務」、「社工專業」的整合階段──社工提供專業指導，開辦培訓課程，進一步提供志工社會資源訊息、心理輔導等專業技巧。

為了提升第一線訪視志工的評估能量，在案主需要時給予更多元的協助，一九九三年，慈濟慈善基金會與花蓮慈濟醫院家醫科合辦，由社工員與家醫科醫師巡迴全省，展開「慈善個案工作研討暨研習課程」，就社會福利資源的尋求、疾病整體觀、個案訪查的技巧，以及照顧戶身心靈的安慰輔導等議題，與訪視志工們進行探討。這項研討課程為期一年，各區每月定期舉行一次。這一年的課程，也開啟日後訪視志工教育訓練的落實。

一九九四年起，慈濟基金會在志工功能組正式成立「個案訪視組」，專責新個案訪視及特殊個案處理。「個案訪視組」的成立，有助於慈善工作的運作與推動，其工作項目不脫離以往慈善志業的服務內容，然而，由於確立專人負責，對外，將有助於接案效率的掌握，及外界對等單位的聯繫；對內，則持續扮演著一個專業素養成熟的核心團體，增進全體訪視志工的自我成長與提升。

一九九五年，首次舉辦「全省訪視組幹部研習會」，兩日研習活動在靜思精舍展開，證嚴上人親自指導，期能凝聚全省訪視工作幹部的共識，及研討解決各區在訪

視工作上所遇瓶頸。證嚴上人也在二○○七年全省合心訪視幹部研習會中，再三重申「慈善訪視是每一位慈濟委員的本分事」──「訪視是慈濟人的基本要務，社區活動是行有餘力才參與，協力組長要勉勵組員，讓大家了解本分，懂得調配時間。假如沒有去訪視、關懷苦難人，根本無法體悟人生疾苦、人生無常。」

芸芸眾生多苦惱，上人表示救度之法，即「教富濟貧」與「濟貧教富」。「富裕者有錢、有力量，可以引導他們用世間財來幫助苦難人；為人間福祉付出，也是為自己造福，這是『教富濟貧』。此外，希望貧窮人知道自己也有力量救人，即使只有一滴水，滴進大缸裏，這缸水就有他付出的一滴，可以供應許多人喝，也是在造福；這就是『濟貧教富』。」

五十多年來，秉持證嚴上人要志工們多與眾生結好緣的期勉，走在長街陋巷，投入人群中，不論是都市叢林或窮鄉僻壤，「接了案，就要著手訪視評估，該幫助的一定要幫助，不要推卸。慈濟宗門一定要從慈善門而入，見苦知福才能修慧。」

訪視志工盡本分，「為苦難人付出，看到貧病、受災苦況，就知道自己有福得多了；了解人間疾苦，在心態上就不會『比上不足』。見苦知福而心寬知足，再起『不忍』的慈悲心，就會發願付出助人。有寬廣無私的慈悲心，就能擁抱天下蒼生，成為廣結善緣的人間菩薩。」

1　佛教克難慈濟功德會第一例醫療援助個案菜販盧丹桂，由民眾李時提報：盧婦與其夫育有五子，因罹患青光眼失明而無法工作，單憑先生收入無力支持家庭開銷與醫療費用。

慈濟濟助盧婦至宜蘭縣眼科診所就醫的車資及手術費；一九六七年元月盧婦因故輕生，慈濟捐助一千兩百元喪葬費，並每月捐贈白米兩斗及一百元，直到家境改善為止，於七月一日結案，濟助金額逾五千元。

知曉盧婦整個事件經過後，證嚴上人心中非常難過，深覺個案停濟後，有必要繼續給予關懷及輔導，於是訂定訪視複查制度，志工每三個月定期到案家關懷生活概況。

2　慈濟接到個案提報後，會由社工即時發案給當地的訪視志工，組成訪視關懷小組，以直接、重點、尊重、及時、務實的服務原則進行訪視關懷，了解案家需求後擬定處遇評估計畫。當家庭發生緊急事故或臨時性經濟需求，依個別需求提供各項關懷扶助，如急難、助學或房屋修繕補助；並透過定期家訪，了解案家近況，進行複查評估與處遇計畫調整。

慈濟長期關懷扶助模式分為二類：

一、長期照顧戶：提供全人全家全程關懷，定期居家訪視，陪伴其面對困境，給予心理支持，輔導自立成長，依實際需求評估，每月提供現金或實物補助。

二、居家關懷戶：提供全人全家全程關懷，定期居家訪視，陪伴其面對困境，給予心理支持，輔導自立成長。

臺東慈濟慈善個案統計

2018年12月臺東縣慈濟關懷家庭數 (單位：戶)

鄉市鎮	關懷型態		合計
	居家關懷戶	長期濟助戶	
臺東市	213	132	345
卑南鄉	45	33	78
成功鎮	53	20	73
東河鄉	23	19	42
池上鄉	19	22	41
鹿野鄉	11	9	20
大武鄉	21	6	27
關山鎮	17	12	29
海端鄉	11	9	20
長濱鄉	13	7	20
達仁鄉	10	7	17
延平鄉	11	1	12
金峰鄉	6	6	12
綠島鄉	4	0	4
太麻里鄉	84	42	126
總計	541	325	866

近年臺東縣慈善相關數據

年度	每年助學人次	每月平均關懷家庭戶次	每年急難補助戶次	每年房屋修繕戶次
2009	193	近400	162	1
2010	381	近400	147	3
2011	343	480	138	2
2012	250	466	179	1
2013	243	512	180	1
2014	237	512	183	5
2015	374	592	303	4
2016	562	847	418	66
2017	932	1,050	347	17
2018	708	965	221	8

註：相關數據為慈濟針對長期關懷家庭所提供協助之統計。

臺東慈濟慈善大事記

1968

◎六十五歲吳發趨罹患眼疾，獨居於臺東復興里第一公
墓草寮，三餐不繼。慈濟於1967年12月，委託《更
生日報》轉交三百元救濟金。隔年，3月23日，證嚴
上人親訪，濟助兩百元，4月2日偕同志工陪伴前往臺
中沙鹿陳眼科檢查。因患病過久且年歲已高，無法醫
治，折返後發給生活費六百元，並列入長期救助，每
月濟助三百元，為臺東第一位長期照顧戶。

1969

◎艾爾西颱風於9月26日侵襲臺灣，臺東一帶焚風不
斷。27日子夜時分，卑南鄉大南村發生大火，火勢在
強風助長下波及全村，致房屋全毀，傷亡眾多。證嚴
上人與慈濟委員於10月5日前往勘災、慰訪後，籌措
兩萬餘元購得一百四十八件臺麗毛毯，於16日致贈予
一百四十八戶災民。

1973

◎5月6日，慈濟首次在臺東鎮（1976年升格為臺東市）舉辦義診，於海山寺為一百六十多位貧病患者施醫、施藥，而後並為部分久年痼疾患者寄送藥品。第二、三次義診分別於同年7月、9月在關山林區管理處處長鄭柏公館舉辦，幫助逾四百人。

◎臺灣東部10月上旬受強烈颱風娜拉影響，連日豪雨成災，花蓮玉里以南至臺東、大武一帶災情嚴重。慈濟11月完成玉里賑濟工作後，於12月25、26日在臺東介壽堂發放慰問金、棉被，幫助五百五十四戶災戶；隔年1月，以冬令救濟名義補發慰問金予溫泉村、泰安村共六十三戶災民。

1974

◎4月21日，慈濟第四次在臺東鎮辦理義診，地點在介壽堂，共幫助貧病一百二十餘人。

1975

◎臺東卑南鄉大南村、溫泉村，在1974年貝絲颱風環流所造成的雨災中受創。隔年1月12日，臺東慈濟委員前往慰訪貧困災民，依其受災程度及人口數發放慰問金，共幫助十戶，其中兩戶因無力維持生活，列為長

期照顧戶。

1977

◎賽洛瑪、薇拉颱風接連侵襲臺灣，因災區廣闊，臺東
委員於8月24日與證嚴上人帶領的臺北、花蓮等地委
員會合，至屏東、高雄由當地委員引導進行勘災。

1978

◎臺東慈濟委員王添丁、黃玉女於8月25、26日分別帶
領兩隊志工，至恆春地區進行貧戶複查。

1979

◎慈濟自元月起持續年餘，每月提供白米濟助臺東市
私立仁愛之家。9月29日，於臺東介壽堂舉辦義診活
動，並至仁愛之家為十六位住民診治。自2007年起每
月兩次，定期前往仁愛之家關懷長者。

◎1月23日，慈濟於臺東市中華路嘉陵公司進行冬令發
放，並首次舉辦歲末圍爐活動，以素宴招待貧戶，另
有義診服務。成功鎮的發放原與臺東合併，隨著當地
委員人數增加，為便利照顧戶，1982年開始於當地慈
濟委員曹金鳳家發放；1993年轉至新靈寺舉辦，均由
臺東委員前往支援。

1985

◎2月15日，臺東冬令發放自本年起至1991年，均於中國國民黨臺東縣黨部中正堂舉辦，1992年開始移往蕭敬楓醫師提供的勝利街場地。

1987

◎11月1日，臺東慈濟委員黃玉女、范春梅、陳燕兒等六人搭機至蘭嶼，首次為當地貧民發放大米、衣服、毛巾、香皂等生活物資，其中大米及衣服由屏東縣慈音寺捐贈，共幫助一百二十戶。

1994

◎7月10日晚間，強烈颱風提姆自花蓮縣秀姑巒溪出海口登陸，十四級風加上巨大雨勢，造成花東地區多處災情慘重。慈濟針對提姆颱風賑濟工作，自7月11日啟動，至8月2日結束，總計在臺東賑濟三百七十戶，發放房屋修復濟助金達九百四十七萬元。

1995

◎慈濟於年中向臺東市政府租借位於鯉魚山下自強里的土地，作為慈濟在臺東的第一個環保站，由慈濟志工賴阿柳負責帶動資源回收、分類。此環保點至2002年市政府將土地收回他用而結束，隨即在臺東聯絡處旁

設立環保點，繼續運作，同年，志工陸續在臺東成立
大武環保點、關山慈濟醫院環保點。

◎9月1日，慈濟臺東聯絡處成立，會所設址於臺東市勝
利街九〇號，在此之前慈濟在臺東以慈濟志工黃玉女
住家為聯絡據點。

1996

◎2月11日，慈濟即日起於全臺展開本年度冬令發放，
歷年來針對臺灣本島偏遠地區及離島等地發放，考量
當地志工人力及物資運費等問題，均將物資折換同值
金額，加上當月生活補助金與紅包匯寄給照顧戶。本
年度在臺東綠島發放一戶。

◎高雄慈濟委員陳神發醫師組成義診團隊，10月5日於
臺東縣綠島鄉舉辦首次中醫義診，共服務七十餘人，
這是慈濟在當地舉辦的第一個活動。

2003

◎慈濟臺東聯絡處於10月成立環保教育站，推展至今，
共有臺東環保教育站、太麻里曙光環保教育站及成功
環保站等三個環保站，以及兩百五十個環保點，受證
環保志工共有四百六十位。

◎臺東成功外海12月10日發生芮氏規模六點四強震，慈
　濟志工隔天分別前往東河鄉及成功鎮勘災，關懷並致
　贈慰問金予四十五戶房屋嚴重毀損的鄉親。

2006
◎12月25日，坐落在臺東市四維路二段六〇六號的臺東
　靜思堂啟用。

2008
◎3月4日，慈濟「臺東照顧戶子女新芽課輔班」開課，
　結合慈濟教師聯誼會、慈濟大專青年聯誼會、大愛媽
　媽等教育功能團隊，以及臺東大學學生志工，除寒、
　暑假外，每週六在臺東靜思堂為照顧戶子女進行課業
　輔導。

◎為鼓勵弱勢家庭的學子，慈濟臺東聯絡處啟動「新芽
　獎學金」計畫，11月8日在臺東靜思堂舉行首次頒獎
　典禮。

2009
◎受莫拉克颱風外圍環流影響，臺東風強雨大，太麻里
　鄉、金峰鄉、達仁鄉、大武鄉及卑南鄉等地，發生溪
　水潰堤或土石流等災情。臺東慈濟志工自8月9日起陸

續前往災區勘災，並至大王國小、介達國小等安置中心關懷鄉親，進行發放及義診，同時於太麻里曙光慈濟環保站設立服務中心。急難援助行動至22日結束，總計動員志工約一千兩百人次，提供熱食約四千五百人份，發放急難慰問金逾三百戶，以及生活包及衣物等物資。

◎9月15日，慈濟於莫拉克風災後展開「安心就學方案」，針對災區受災戶子女提供學費補助，其中臺東地區經大武鄉、太麻里鄉、金峰鄉、卑南鄉、成功鎮、臺東市等三十三所學校提報，共有一百七十七位學子受到幫助。

2013
◎受天兔颱風影響，臺東連日降下間歇性豪大雨，導致知本溪水位暴漲、溢堤，大水沖入溫泉路民宅。慈濟志工9月23日前往勘災，為受災戶發放慰問金及生活物資。

2015
◎臺東縣政府積極尋求老舊校舍重建資源，縣長黃健庭3月5日前往花蓮靜思精舍拜會證嚴上人，期盼慈濟伸援協助改善學子就學環境。慈濟經勘查、評估後，認

養桃源國中、關山國中、康樂國小、復興國小、鹿野國小、馬蘭國小、光明國小、建和國小及知本國中等九所學校，於五月七日與臺東縣政府簽約。2016年2月22日舉行聯合動土典禮，2017年5月5日舉行校舍捐贈暨聯合啟用典禮，共完成一百三十三間教室、五間幼兒教室、一棟餐廳宿舍樓、二棟多功能活動中心及一棟舉重館。

2016

◎尼伯特颱風7月8日凌晨自臺東縣太麻里鄉登陸，重創臺東市、太麻里鄉等地。慈濟志工於9至17日分兩階段走訪臺東市、太麻里鄉等臨海重災區，拜訪近九千五百戶，並依房屋災損程度及經濟狀況，發放超過兩千九百份急難慰問金。另外，針對受災嚴重的太麻里香蘭村、美和村、都蘭海雲淨寺及臺東市中心，於10日展開「鄰幫鄰、親幫親」計畫，邀請鄉親協助打掃環境、恢復市容，至17日總計近兩千一百人次鄉親參與。

◎慈濟援助尼伯特颱風臺東縣太麻里香蘭村受災戶，8月9日啟動房屋修繕會勘作業，並陸續為三十八戶進行房屋修繕。此外，亦協助臺東專科學校、臺東高商、臺東高中、寶桑國小、東海國小及溫泉國小等六

所受災學校修繕教室，加強防水、防風功能，工程於
八月底完成，讓學校在9月初順利開學。

◎證嚴上人8月21日親自走訪尼伯特颱風災區，訪視後
建議臺東受災農民與慈濟科技大學合作，盼為農民改
善生計。而後，由慈濟科技大學輔導農民種植高經濟
價值的紅藜，並協助研發周邊產品，以及輔導行銷。

◎8月24日，慈濟接獲臺東泰源國中來函，請求慈濟補
助該校棒球隊寒、暑假集訓餐費。慈濟自此開始提供
該校棒球隊集訓補助費。

◎莫蘭蒂颱風造成臺東縣延平鄉土石流災情，慈濟志工
9月16、17日於桃源國小、武陵戒治所等收容所關懷
鄉親，並致贈急難慰問金、多功能折疊床（福慧床）
及供應熱食。18日，亦至大武鄉為愛國蒲社區災民發
放急難慰問金。

◎受艾利颱風外圍環流影響，臺東縣太麻里鄉十八戶民
宅遭土石流毀損，志工於10月11日前往訪視關懷，發
放急難慰問金與生活物資，並協助安置兩戶經濟弱勢
家庭。

2017

◎臺東縣大武鄉愛國蒲部落遭莫蘭蒂颱風重創，慈濟
　為受災鄉親援建永久住宅，元月20日與臺東縣政府
　簽訂「重建愛國蒲部落合作興建房屋意向書」，於4
　月12日動土，2018年7月31日舉行啟用典禮，共援建
　四十七戶。

◎3月8日，慈濟與臺東縣太麻里鄉香蘭村社區發展協會
　合作，成立「慈濟香蘭社區關懷據點」，以「環保回
　收護大地」、「陪伴關懷不孤單」、「健康促進身體
　好」、「幸福共餐沒煩惱」為目標，於每週三為社區
　長者舉辦活動。此處成為慈濟在臺東第一個社區關懷
　據點。

2018

◎私立臺東仁愛之家建物老舊，且空間不敷使用，亟需
　外界伸援。慈濟獲悉後，決議為其援建一棟三層樓建
　築，包含八十一床養護床、三十床員工宿舍及日照中
　心、休閒中心等設計，於元月8日舉行新建工程動土
　典禮暨歲末感恩會。

◎4月9日，慈濟於臺東縣延平鄉桃源村成立「慈濟桃源
　社區關懷據點」，每月舉辦一次長者共餐、健康促進

等關懷活動。

◎慈濟於6月4日、28日分別在臺東關山慈濟醫院、臺東靜思堂，成立巷弄長照站，每週一次為當地社區長者舉辦健康促進等活動。至2018年底，於臺東縣共成立四處社區關懷據點。

◎10月22日，臺鐵第六四三二次自強號於宜蘭縣蘇澳鎮新馬車站出軌，造成十八人往生、二百一十五人受傷。十五位臺東罹難者大體於22至25日陸續送回臺東，臺東慈濟志工於23至31日在市立殯儀館設立服務中心，提供茶水和餐點，並陪伴罹難者親友迎靈，適時予以膚慰。此外，臺東關山慈濟醫院、張崇晉婦產科診所、臺東縣中醫師公會合作，為「第六四三二次自強號於新馬站出軌事故」傷者及家屬舉辦為期七個月的義診活動，於12月5日展開首次義診。

◎10月22日，於慈濟臺東靜思堂辦理「新芽獎學金」頒獎典禮，自2008年至2018年臺東地區共有一千九百七十八位弱勢家庭學子獲獎。

國家圖書館出版品預行編目(CIP)資料

曙光：臺東慈濟志工口述歷史 /
黃玉女等口述；林厚成、江淑怡、何予懷整理
一初版.一臺北市：慈濟傳播人文志業基金會
2019.06，320面；15×21公分—（口述歷史系列：1）
ISBN 978-986-5726-69-0（平裝）
1.志工 2.通俗作品
547.16   108009830

口述歷史系列001

曙光：臺東慈濟志工口述歷史

口　　　述／黃玉女等
整　　　理／林厚成、江淑怡、何予懷（慈濟基金會文史處）
策　　　畫／何日生、賴睿伶（慈濟基金會文史處）
編審指導／陳進金、陳鴻圖（國立東華大學歷史學系）
企畫編輯／江淑怡（慈濟基金會文史處）
編 輯 群／林厚成、吳瑞祥、賴睿伶、黃基淦、顏婉婷、蘇慧琪
　　　　　　江淑怡、何予懷、陳宜淨（慈濟基金會文史處）
　　　　　　陳若儀、孫姚鵬、陳芝安、吳淑麗、林淑惠、鍾偉真
　　　　　　高芳英、林淑惠、呂旭玲、許繡尹、陳夢希、黃貞宜
　　　　　　王惠香（慈濟基金會人文真善美志工）
圖資提供／慈濟基金會、慈濟臺東聯絡處

―――――――――――――――――――――――――――――

創 辦 人／釋證嚴
發 行 人／王端正
平面總監／王志宏
主　　　編／陳玟君
執行編輯／涂慶鐘
美術指導／邱宇陞
出 版 者／慈濟傳播人文志業基金會
地　　　址／11259臺北市北投區立德路2號
編輯部電話／02-28989000分機2065
客服專線／02-28989991
客服傳真／02-28989993
劃撥帳號／19924552
戶　　　名／經典雜誌
製版印刷／新豪華製版印刷股份有限公司
出版日期／2019年 6 月初版一刷
　　　　　　2019年10月初版二刷
定　　　價／新臺幣300元